Sammlung Luchterhand 953

Über Autor und Buch: Paul Klee war ein Mehrfachtalent. Er liebte die Musik, die Malerei, die Literatur und konnte sich häufig nicht entscheiden, auf welchem Gebiet er seine Kräfte einsetzen wollte. Eine kurze Zeit schrieb er vor allem Gedichte. «Früh war ich wieder mit Lilly zusammen, im englischen Garten. Wir sitzen oft nebeneinander und sagen nichts. Dann sind wir zwei Glückliche. Es ist gut so, wenigstens für Momente.» Paul Klee hatte 1921 seine zukünftige Frau kennengelernt. Es entwickelte sich eine verschlungene Liebesaffäre. Die Eltern untersagten die Verbindung, bis zur Heirat, die beide doch durchsetzten.
In dieser Zeit entstand der größte Teil der hier abgedruckten Gedichte, die Paul Klee in ein Tagebuch notiert hat und die nicht zur Veröffentlichung bestimmt waren. Nach seinem Tod 1940 wurden diese Zeugnisse einer nutzlos unterdrückten Leidenschaft entdeckt. In diesem Band liegen sie zum ersten Mal im Taschenbuch vor.

Paul Klee
Gedichte

Herausgegeben von Felix Klee
Mit Zeichnungen

Luchterhand
Literaturverlag

Sammlung Luchterhand, Februar 1991
Luchterhand Literaturverlag GmbH, Frankfurt am Main. Lizenzausgabe mit freundlicher Genehmigung der Arche Verlag AG, Raabe + Vitali, Zürich. Umschlagentwurf: Max Bartholl unter Verwendung einer Zeichnung von Paul Klee. Druck: Wagner, Nördlingen. Printed in Germany.
ISBN 3-630-61953-3

1 2 3 4 5 6 96 95 94 93 92 91

(Ill. 18)

Diesseitig bin ich gar nicht faßbar.
Denn ich wohne grad so gut bei den Toten,
wie bei den Ungeborenen.
Etwas näher dem Herzen der Schöpfung als üblich.
Und noch lange nicht nahe genug.

Geht Wärme von mir aus? Kühle??
Das ist jenseits aller Glut gar nicht zu erörtern.
Am Fernsten bin ich am frömmsten.
Diesseits manchmal etwas schadenfroh.
Das sind Nüancen für die eine Sache.
Die Pfaffen sind nur nicht fromm genug, um es zu sehn.
Und sie nehmen ein klein wenig Ärgernis, die Schriftgelehrten.

▪ [1920]

Aus dem Gedichtband
«Letztes»

In Herzens Mitte
als einzige Bitte
verhallende Schritte

▪

von der Katze ein Stück:
ihr Ohr löffelt Schall
ihr Fuss nimmt Lauf
ihr Blick
brennt dünn und dick
vor ihrem Antlitz kein Zurück
schön wie die Blume
doch voller Waffen
und hat im Grunde *nichts* mit uns zu schaffen

▪

Esel

seine Stimme macht mir Grausen
während lange Ohren schmausen.

Als verstummte Nachtigall
war einst ein beträchtlich Nichts der Fall.

Was artet einsam und allein?
es ist die Pflanze Elfenbein.

Meinung und Meinung tauschten Wellen
da war denn nichts mehr festzustellen.

Es war mal was
und fragte das:
es gelte was?
von nein zu kein
liegt zwischen kein ein
von immer zu hin
gewann es Sinn
bis ging ein Schein
in wahrlich ein.
.

Antwort

bin Sclav oder Herr wie Du
leb nicht kleiner auf Schuh.
.

Zurufe

Krummfahrer! Bösharrer! Schmutzstarrer!
Pelzläuser! Wißbesser!
Schmerling!
Duckmäuserlehrling!!
.

Alle alle hatt ich gern
und jetzt bin ich kühler Stern.

.

Großwendig. Schwerhendig
anhaltig – glattfaltig
vieleinig.

.

ferne Seele bitt um Gnade
mach mich tief.

.

weil ich ging
ward Abend
Wolkenschleier
hüllten das Licht
dann schattete das nicht
über Allem

.

Hab Hut
was Glut
sengt dein Blut,
was Kohlen
weiß holen

.

durch Rinnsal leuchte
Siebenschleier gesiebt Gesicht!

Einst werd ich liegen im Nirgend
bei einem Engel irgend.

.

1915

Mein Stern ging auf
tief unter meinen Füßen

wo haust im Winter mein Fuchs?
wo schläft meine Schlange?

.

Ende Juni

. die Nacht geht so schnell
so groß schaut der Tag.
.
nur eines allein
ist nah
im Ich ein Gewicht
ein kleiner Stein.
.
ein Auge welches sieht – sonderbarer Blick –
das andere welches fühlt

Du still allein,
Ihr Ungeheuer
mein Herz ist euer,
mein Herz ist dein!
.
nur verhallende Schritte die Bitte.
.

Der Mond vielseitig

im Bahnhof eine von den Lampen
im Wald ein Tropfen im Bart
am Berg: daß er nicht rollt!
Daß ihn der Kaktus nicht spießt!
Daß ihr nicht niest!!
.
Zittre um Deinen Leib
sieh diese Räume
– Träume sind nicht so weit –
und – wo bist Du?
.
Wo sind Linnen
drinnen Schlaf sich fand?
Wo ist zartem Fuß ein Sand?
Wo Liebesband linder Hand?
Nirgend – irgend??
.

bin nicht hier!
– glühe bei Toten –
▪

1926

  Der Wolf spricht, am Menschen kauend, und im
  Hinblick auf die Hunde:
Sag mir wo ist dann
  sag mir wo?
  ist dann ihr Gott?
wo ist ihr Gott? nach dem...

  du siehst ihn hier
  ganz dicht bei dir
  liegen im Staub vor dir
  den Gott der Hunde

Sehn und wissen ist eins
daß wer von mir zerrissen
  ein Gott nicht ist.

Wo ist dann ihr Gott?
▪

– helft bauen –

Vogel der singest
Reh das springest
Blume am Fels
im See der Wels
im Boden der Wurm
zu Gott helft bauen
den Turm

echo: «zu Gott»
▪

In einem Zimmer gefangen
große Gefahr
kein Ausgang

Da: ein offenes Fenster, hinauf, abstoßen:
ich fliege frei,
aber es regnet fein,
es regnet fein,
es regnet,
regnet,
regnet...
regnet...
.

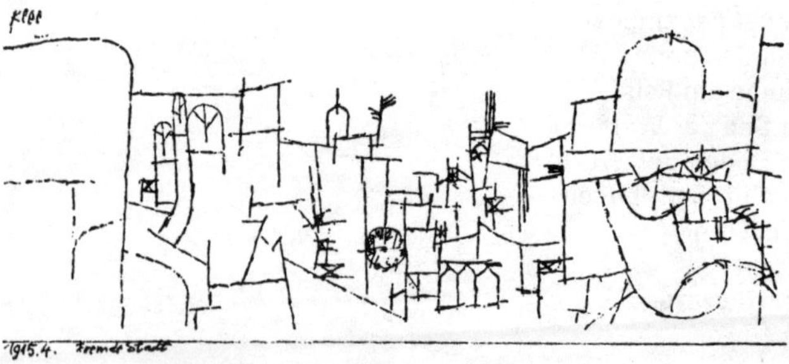

(Ill. 6)

In der Nacht vom 30. Juni auf den 1. Juli 1925 träumte ich merkwürdig deutliche Dinge.
Ich sah im Winkel zweier Hauswände unter dem Dachvorsprunge ein großes Vogelnest. Dasselbe war aber mit einer Katzenfamilie besetzt. Die jungen Katzen waren schon ordentlich groß, etwa vier Wochen alt. Und besonders eine davon, ein dunkles Tigerkätzchen, hing übermütig mit dem Hinterteil weit über den Rand des Nestes hinaus.
Unterhalb des Nestes lief ein nur ganz schmaler Mauervorsprung, der Weg der Katzenmutter vom Nest in ein offenes Fenster. Der Gedanke, daß der erste Ausgang der Kleinen auf so gefahrvollem Weg erfolgen würde, beängstigte mich und ich sann auf Abhilfe, der drohenden Gefahr zu begegnen.

▪

Dann sah ich mich beim Graben in einem Garten. Mühevoll war etwas hergerichtet, aus dem etwas Ersprießliches hervorgehen sollte.
Nun kam plötzlich ein Hund nach dieser Stelle gerannt und wälzte sich in zerstörender Weise drauf herum, die wühlende Schnauze zu Hilfe nehmend.
Man wunderte sich, daß ich ihn gewähren ließ.
Ich aber entschuldigte mich damit, daß ich ihn einen «Sachverständigen» nannte.

[1925]

▪

1. Strophe:
Rach und Degen
ein Dach dem Regen
Schurm und Stirm
im Sturm ein Schirm

2. Strophe:
Rach und Degen
Schurm und Stirm
im Sturm ein Schirm
ein Dach dem Regen

3. Strophe:
Schurm und Stirm
im Sturm ein Schirm
Rach und Degen
ein Dach dem Regen

Neue Möglichkeiten:
Degen und Rach
dem Regen ein Dach
Stirm und Schurm
ein Schirm im Sturm

Schurm und Stirm
Rach und Degen
ein Dach und Regen
im Sturm ein Schirm

.

Der Herr weis was der wil.
der kan.

Aber hat ain Laster, nicht rauchen.
Aber grazt mit ain Harpeitsche auf den Gaige,
das tu den Bimbo so weh in or.

. [1932]

[Im Stile der Lieblingskatze Klees, genannt Bimbo]

1/1000
Ein
Tausend Schwein
steht in Pein
ohne neun
hundert neun
und neunzig sein
es gleichen Schwein
allein

▪ [1928]

[Aus seinem Notizkalender]

Motto

Sturm und Wurm
Sang und Drang
Wurm und Sang
Drang und Sturm

▪ [1909]

[Notiz zu Büchners ‚Dantons Tod']

Aus den Tagebüchern

Verachtung der Keuschheit:
Keusch sind diese vier Wände.
Daß ich's ja erwähne!
Rein sind diese zwei Hände,
Und wie ich ehrlich gähne!

▪ [1898]

Ein Gleichnis

Die Sonne brütet Dünste aus,
die steigen auf
und kämpfen gegen sie.

▪ [1899]

Eine kleine Probe, wie ich damals im Volkston reimte

1
Nun hat dich genommen der Tod,
der rosenrote Schein
ist falsch, nur hingeworfen.
Gardinen zauberfein
färbten mein Lieb, was tot,
gestorben nie zu erwachen.

2
Sagt an ihr Leut, was soll ich tun ihr Leut?
mein Herz, das brennt so sehr,
Nun hab ich kein Liebchen mehr,
und zum küssen und wieder zum küssen.
O daß ich ein Vöglein wär,
als Vöglein wüßt ich Bescheid,
ans rauschende Meer flög ich weit,
mein Herz darin zu kühlen.

▪ [1899]

Ich gleiche dem Hang,
wo das Harz in der Sonne kocht,
wo die Blumen brennen.

Mich kann nur kühlen die Walpurgisnacht,
dahin flieg ich als Johanniskäfer
und weiß dann gleich Bescheid,
wo ein Laternchen angezündet ist.

▪ [1899]

Ich sank in die Arme dem schwersten Traum
und küßte dich unten am Weidenbaum.
Heiß war der Kuß,
und wie's in den Schläfen mir schlug.
Darüber ging
ein jagender Wolkenzug.
O Macht der Nacht
O heißen Glückes schwere Pracht!

▪ [1899]

(Ill. 8)

Einen wilden Brand hast Du in meine Seele geworfen,
daß tönende Flammen ihr entlodern.
– die Musik als ableitender Kanal –

Angst des Anfangsstadiums.
Die Ihr mir nahetretet
und dereinst einmal verstehen werdet,
Euch sage ich, daß Ihr,
wenn ich zu früh von hinnen müßte,
viel an mir verlöret.

Du Feuerblume
ersetzest mir nachts die Sonne
und leuchtest tief
ins verschwiegene Menschenherz.

Dein Haupt will ich in Händen halten,
in beiden Händen fest,
und nimmer darf es sich abwenden von mir.
Denn im Schmerz
wüchse meine Kraft ins Verderben.

Im Sturm werd' ich klarer,
und das Leben fesselt mich.

[1900]

An Eveline

Ich versprach Dir viel.
Ein sittlicher Mensch zu sein.
Ich möchte vor Dir bestehn.
Knien muß ich zuerst vor Gott.
Dann, Eveline, rette mich vollends!
Sonst hab' ich keinen Menschen!

Ich spielte mit Gift,
habe mich vergiftet,
warum wollt' ich außerhalb stehen?
Dazu hing ich im Grunde zu sehr am Guten.
Weh der Schuld,
vielleicht ist sie größer als ich dachte.
Bei Dir sie zu vergessen!
Aber Du müßtest sie mir vergeben zuerst.
Wenn Du das kannst.
Sei mir gegrüßt in der Ferne.

[1900]

I

Eveline nenne ich einen grünen Traum unter Blättern, den Traum des nackten Kindes auf der Flur.
Dann aber war mir versagt, so selig wieder zu werden, als ich unter Menschen kam und nicht mehr fort von ihnen.
Einmal entwand ich mich der Gewalt erfahrener Schmerzen und entfloh in die mittaglichen Felder und lag am glühenden Berghang. Da fand ich Evelinen wieder, gereift aber nicht gealtert. Nur müde von einem Sommer.
Jetzt weiß ich's. Aber seht, mir ahnte nur, als ich dies sang. Seid milde zu meiner Gabe. Schrecket nicht die Nacktheit, die den Schlummer sucht.

II

Der März droht uns Sommer, heiße Liebe drohst Du meiner
Seele, Eveline! Noch grünt der Mai. Noch sind es
Wiegenlieder.
Manches stählerne Wort hab' ich geschliffen. Ich wollte sein
ein Fels in der Brandung.
Schartig ward die Schneide. Nun möcht ich knien, ganz Demut.
Aber vor wem?
Würmer wollten mich trösten. Bin ich so elend?
Dann ekelt mich.

III

Ach zu viel Sonne ging mir auf! Endlose Tage ohne Nacht.
Ewig singendes Licht. Aufsuchen wollte ich mein
frühes Haus im grünen Schatten, meinen Traum unter
Blättern. Wo ist er?
Kein Verkriechen lügt Abend dem Geblendeten. Flammen reibt
er sich in die Augen.
Es schlief gar nicht der Erwachte. Er spricht ohne Ton:
du müdes Lied.
Dies aber ist es, das müde Lied.

IV

Horch zirpen den Sommer im Feld
horch die heisere Lerche in den Lüften
Eveline. Königin in Tages Mitte.
Nur den Kleinsten ist Fleiß noch beschieden und Tat,
Ameisen, Fliegen und Käfern.
Mich aber lähmt der Friede dieses Mittags. Ich brenne auf
dürrem Lager, auf Thymians und Ericas rankem Teppich bin
ich ganz Brand.

V

Von Mondesmilde weiß ich noch. Nun aber buhlen Fliegen
auf mir, und ich muß es sehen. Es rinnt der Schnee ganz von
den Bergen, ich werde auch dort nicht Kühle finden.
Und ich muß bleiben... Schweigen gebietet Dein Blick, Eveline.
Wir sind Heilige, ich bin's geworden durch Dich.

VI

Fliehe nicht meine Nähe! Vertraue! Erkenne! Ausgetrocknet
hast Du die Sümpfe meiner Seele, nun steckst Du im
Gewölk. Dein Sieg wird ganz sein.

VII

Wo die Wirklichkeit nicht mehr zu tragen, scheint sie Traum
mit wachen Augen. Daure, fürchterlicher Traum bei Eveline.
O Gaukelbild, daß Du selber versengt bei mir Schutz
suchest und Trost.

VIII

Das ist der große Tag, das glüht von lauter Liebe. Wird auch
hier ein Ende sein, eine Dämmerung? Wird fallen
eine Göttin?
Noch ist es Tag, noch glüht es von lauter Liebe.

[1900]

1921 224 Hundescenen

(III. 9)

I

Was jagen die Menschen dahin,
wie die Wellen vor dem Sturm?
Wer bläst sie an, welcher Wind?
Der Wind ihrer Wünsche bläst sie an.
Aber ihre Wünsche sind eitel.

Ich bin ein Schiffer über ihnen.
Mein Schiff ist stark
und bringt mich ans Ziel.
Es rudert die leuchtende Hoffnung
der schönsten Insel zu.

Ach, wie gewaltig brandet es da,
fast sinkt mein Mut.
Sollte hier zerschellen mein Bestes,
sag an Du leuchtende Hoffnung?

Nein, ich bin jung
und mein Arm ist gut.
Ich muß die Insel gewinnen,
und wären dort die größten Berge,
und hieße ihr höchster Einsamkeit.

Wohlan du freier Hauch dort oben.
Wohlan du Gischt der Brandung.

II

Noch viel weiter weiß ich zu schauen.
Ich habe erreicht die Insel,
ich siegte über die Brandung,
ohne sie zu löschen.
Sie lebt und frißt.
Mein höchster Berg wird wanken.

Der Schlachtgesang der Wogen ist verstummt.
Die Welt ist ein nasses Grab,
eine weite Öde.

Das Licht erlischt,
dunkel muß sein das Ende.
Im Tag erneut sich das Leben.

Nacht uns allen!
Wir wollen männlich kämpfen
vor dieser Nacht.
Das Leben voran!

[1901]

Ich habe ein neues Leben begonnen.
Und diesmal gelingt's!
Tief lag ich zu Boden.
Alles sei mir erlaubt, glaubte ich,
auszukosten sei meine Stärke.

Zum Narrentanz ging ich,
ein schmutziger Lump.
Die Liebe der Jungfrau hat mich erlöst
von solcher Gestalt.

Ich sah mein Elend,
und da war es schon halb gebannt.
Der Schrecken raffte mich auf.

Ich will ernst werden und besser.
Durch den Kuß des liebsten Weibes
ist alle Not von mir genommen.
Ich werde arbeiten.
Ein guter Künstler will ich werden.
Die Bildhauerei erlernen.
Meine Begabung ist in erster Linie formal.
Diese Erkenntnis mit auf den Weg.

[1901]

1938 p6 alphabet NE

(III. 21)

Mir ist,
Du wärst mein eigen Blut,
so lieb' ich Dich.
Diesmal fühle ich
den starken Gott mit mir.

Ein Opfer will ich,
seinem Gesetz mich beugend,
ihm bringen.

Dich besitzen will ich,
und wär's Dein
und mein Verderben.

Mein Gott tut Großes an mir.
Er sieht mich auf der Bahn des Gesetzes.

Ich liebe Dich als das Weib,
das zu mir kam,
zu dem im Dunkeln Brütenden,
mit der freundlichen Lampe.

[1901]

Im Dämmer des Frührots bin ich Erwartung.
Werde ich sie ertragen, wenn sie heraufsteigt
über den Kamm der Berge?
O Bangen des Morgens, wie damals in meinem Leben.

Wie damals? Steh' ich im leuchtenden Tag?
Vom Lager auf! Viel Arbeit ist da aufzunehmen!

[1901]

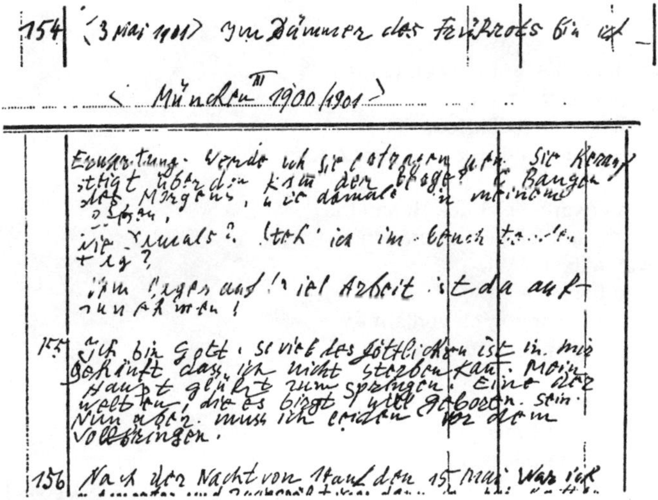

154 (3 Mai 1901) Im Dämmer des Frührots bin ich —

< München III 1900/1901 >

Erwartung. Werde ich sie ertragen, wenn sie heraufsteigt über den Kamm der Berge? O Bangen des Morgens, wie damals in meinem Leben,
Wie damals? Steh' ich im leuchtenden Tag?
Vom Lager auf! Viel Arbeit ist da aufzunehmen!

155 Ich bin Gott. So viel des Göttlichen ist in mir gehäuft dass ich nicht sterben kann. Mein Haupt glüht zum Springen. Eine der Welten, die es birgt, will geboren sein. Nun aber muss ich leiden vor dem Vollbringen.

156 Nach der Nacht von 14 auf den 15. Mai: Was ich

Ich bin Gott.

So viel des Göttlichen
ist in mir gehäuft,
daß ich nicht sterben kann.

Mein Haupt glüht zum Springen.

Eine der Welten,
die es birgt,
will geboren sein.

Nun aber muß ich leiden
vor dem Vollbringen.

· [1901]

Schälkchen auf meinen Lippen.
Deine Zeit ist um.
Wir waren Gefährten,
unsere Freundschaft ist jetzt Asche.

Ich erwarb ein Stück Himmel,
dort kann ich keinen brauchen
von dieser Welt.
Die Lacher –
sie nennen mich verliebt –
bleiben unten und altern.

Wir ziehen oben
die ersten Kreise
der Unsterblichkeit.

· [1901]

Stütze Dich auf mich
und folge mir,
wenn unten die Gründe gähnen,
schließ die Augen.

Vertraue meinem Schritt
und dem eisig hohen Geiste.
Dann sind wir zu zwei
wie Gott.

[1901]

Jetzt klingt der Abschied ganz anders:

Ich bin allein gewachsen auf der Heide.
Wer hat je mir geholfen?
Stürme kamen und gingen,
hatten fortgefegt, was schwach war.
Ich bin geblieben auf der Heide.

Dann kamst Du und suchtest Schutz bei mir.
Aber Halt gebot uns das Schicksal.
Erstarken sollst Du in Einsamkeit, sprach das Schicksal.
Mein Schutz sei vorerst der Gedanke allein.

[1901]

Gehet dahin ihr großen Wünsche,
Fahr wohl Unsterblichkeit.
Zerfallet Berge des Geistes,
Wenn der Gipfel die Einsamkeit ist.

[1901]

Was ich bin – fraget nicht.
Nichts bin ich,
zu nichts stehe ich.
Nur von meinem Glücke weiß ich.
Ob ich es verdiene, fraget nicht.
Laßt Euch sagen,
daß es reich ist und tief.

Vor Sonnenuntergang wollt' ich am Ziel sein.
Bei ihr.
Ich war gut gegangen.
Doch schlecht hatte ich gerechnet.
Die unsagbare Sehnsucht nach dem Ziel
beschwerte die vielen Stunden.
Über einen wilden Paß will ich
ins milde Tal.

. [1901]

Ich schenke Dir mein Ganzes
und gab Dir doch nichts,
bedenkend, daß ich das Leben
erst aus Deiner Hand empfing.

Daß Du mich neugeboren hast
in Schönheit.

– Die Geliebte als Mutter
des neuerstandenen,
des sittlichen Mannes. –

. [1901]

Der Sturm setzt gewaltige Schenkel
ins Tal der Welle
und in den Nacken der Eiche.
Es sieht nach Kampf aus
zwischen Ast und Gischt
und ist doch Spiel.
Es wohnt die Gottheit bei
und wahrt die Grenzen.

. [1901]

(Ill. 3)

Über den Sternen
will ich meinen Gott suchen.
Als ich nach irdischer Liebe rang,
suchte ich keinen Gott.
Nun ich sie habe,
muß ich ihn finden,
der Gutes an mir tat,
als ich von ihm abgewandt war.
Wie kann ich ihn erkennen?
Lächeln muß er wohl des Toren,
daher die Kühlung
linder Winde in der Sommernacht.
Stumme Seligkeit ihr zum Dank
und einen Blick nach jenen Bergeshöhen!

. [1901]

Stehe früh auf, zu säen.
Dein Weib schläft tief,
laß es schlafen.

Erst mit den Früchten Deines Feldes
sollst Du Dich wenden an Dein Weib.

. [1901]

Es war ein verführendes Wasser,
das meinen Sinn in seine krausen Strudel zog.
Wie reißend ist nun aber
die Gewalt des Stromes.
Da riefen an mir vorbei die Orte
alter dunkelsüßer Heime,
wo ich des Nachts
dem Lied der Zikade lauschte,
einsam und heimlich
unter dem duftatmenden Holunder.
Manchen Traurigen seh' ich am Ufer stehn.
Ich aber bin über den Wellen,
stark und frisch an Leib und Seele.
Ich will münden zusammen
mit dem großen Strom.
Münden will ich mit ihm.

. [1901]

Eine Art Prometheus

Ich trete vor Dich, Zeus,
weil ich Kraft habe dazu.
Du hast mich bevorzugt,
das zwingt mich zu Dir.
Weise genug,
Dich hinter allem zu vermuten,
suche ich nicht den mächtigen,
sondern den guten Gott.
Nun hör' ich Deine Stimme aus der Wolke:
Du quälst Dich, Prometheus.

Qualen waren stets mein Los,
da ich zur Liebe geboren bin.
Oft hob ich fragend – bittend
den Blick zu Dir: vergebens!

So poche denn an Deine Tür
die Größe meines Hohnes.
Wenn ich nicht genüge,
laß ich Dir diesen Stolz.
Groß bist Du,
groß ist Dein Werk.
Aber nur groß im Anfang,
nicht vollendet.
Ein Fragment.

Vollende!
Dann rufe ich heil!
Heil dem Raum, dem Gesetz,
das ihn durchmißt.

Aber ich rufe nicht heil.
Nur der Mensch, welcher ringt,
hat mein Ja.
Und der Größte unter ihnen bin ich,
der mit der Gottheit ringt.

Um meiner und vieler Schmerzen willen
richt' ich Dich,
daß Du nicht vollbrachtest.
Dein bestes Kind richtet Dich,
Dein kühnster Geist,
verwandt zu Dir
und abgewandt zugleich.

[1901]

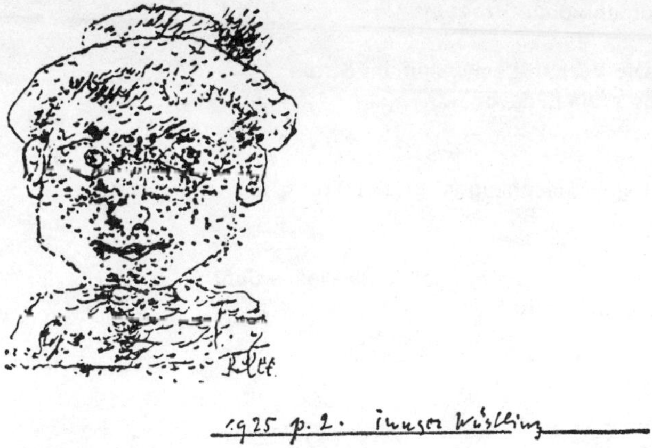

(Ill. 10)

Ich muß blaß sein.
Die Gedanken verwirren sich aufs neue.
Ich schlafe die Nächte nicht durch.
Die Seele sucht südwärts?
Fehlt es am Norden, oder woran?
Luft hab' ich und Nahrung.
Und Liebe hab' ich die Fülle erlangt.
Und kann doch nicht bleiben so.

Sonst wird's wie früher.
Gewaltsam in der Brust verschlossener Kummer.
Auf engem Ausweg heiseres Lachen.
Zum Bersten.

Und ich sage wieder,
dies Lachen erhebe allein über das Tier.

[1901]

Sprache ohne Vernunft

– Die Vernunft schwamm im Strom
des Weines davon. –

1
Ein guter Fischzug ist großer Trost.

2
Niedertracht sucht mich auch dieses Jahr
zu beschleichen.

3
Ich muß gerettet werden.
Durch Erfolg?

4
Hat die Inspiration Augen,
oder schlafwandelt sie?

5
Meine Hände falten sich zuweilen.
Doch gleich dicht darunter verdaut der Bauch,
filtert die Niere hell den Urin.

6
Die Musik über alles lieben,
heißt unglücklich sein.

7
Zwölf Fische,
zwölf Morde.

[1901]

Ein Gedicht mit den Reimen

Augen
Brust
Lust
Nacht
gelacht
Schlaf
traf
Gesellen
bestellen
Bäumen
träumen
Herzensnacht
.

[1901]

Epigramme mit den Reimen

Dahin
fürs Malen kein Sinn
verscherzt die geliebte Musik mein Sohn
Hohn.
.
«Die Liebe als Sonne, ich als Sumpf»:
Sonnenverpestung als Dank
weil es bei mir von Sümpfen stank.
.
bewahren!
an Jahren
verstanden
vorhanden.
.
Welt
dann kosteten andere mich mein Geld,
das selber ich meinem Vater gekostet.
.
gehoben
geschoben
Herde
Erde.
.

Angst des Weibes
Wunden und Schwären
am Berge gebären
der Schande Befreier
Dohlen und Geier
würde ich los das Gewächs meines Leibes.
.
Freier
Leiber
Geleier
Weiber.
. [1901]

(Ill. 17)

Eine Satire auf die Kraftmeierei

Das war so einer von den Riesen
dem alle Berge zu niedrig waren
Gefahren
bliesen
Kraft
Leidenschaft

Gedanken
entrannen
von irgendwannen
Schranken
klein
mein.

▪ [1901]

In solchem Zustand gibt
es schöne Mittel.
Gebete um Glauben
und Kraft.
Auch Goethes Italienische
Reise gehört hierher.

Aber vor allem ein glücklicher
Stern. Ich sah ihn oft.
Ich werd ihn wieder entdecken.

▪ [1901]

Gefastet
Magen lastet

vertragen
gerastet
Wagen

verbieten
kaufen
mieten.

[1901]

205 in solchem zustand gibt
es schöne mittel
gebete zum glauben
und kraft
auch göthes italienische
Reise gehört hierher.

Epigramme

An Gottes Stell
grell
eigene Schöne
– Töne –

Palette
errette
behagte mir nie
Greisenpoesie

scheidet
verleidet
blühn
grün

genommen
gekommen
bezahlt
zu dünn gemalt

schafft
Kraft
wählen
Seelen
bescheiden sein
klein
Spur
Natur.

•

Die Verse zu diesen Reimen waren zu sehr erdacht, zu sehr gereimt und zu wenig geträumt und entstanden doch in einer hellen Stunde der Nacht. Es regnet, wenn es nicht gerade gießt. [1901]

Epigramme mit den Reimen

fluchen
suchen
holen
gestohlen

errungen
gesprungen
einen
erscheinen

bißchen Freude
brennende Augen zumeist
vom Neide
mein Sohn, du bist dreist

[1901]

Satirisches Opus

Der Glückliche, das ist ein halber Idiot,
dem alles gedeiht und Früchte trägt.
Steht auf seinem kleinen Besitz,
die eine Hand hält die Gießkanne,
die andere zeigt auf sich selber,
als den Nabel der Welt.

Es grünt und blüht.
Von Früchten schwere Zweige neigen sich auf ihn.

[1901]

Gedichte epigrammatischer Natur mit den Reimen

gereimt
geleimt
große Pein
überflüssig zu sein.
.
Ich glaubte, es müßte mir wenigstens gelingen, mich selber lächerlich zu machen.
.
so ein leidend Haupt
gelber
glaubt
sich selber

tatbereit
Lächerlichkeit
erkoren
geboren

behaart
gepaart
betrogen
verlogen.
. [1901]

Kurzes Leben
Saures Streben
Viel Verdruß
malen muß

verschämt
vergrämt
Riesennatur
Überpartitur
Klavierstuhl hocken
Schütteln die Locken
.

Nachtregen

Etwas lügt, ich habe dich verloren,
fast kann ich es glauben.
Es ist trüb und voll Demut.
Das Herz bäumt sich,
das Auge brennt.
Tränenlos.
Nur die Nacht draußen weint.
Einsamkeit.
. [1901]

... ruhn
tun
seufzen nein
... heimlich, geschwinde
von Stein müßt einer sein
es zu verargen dem Kinde
. [1901]

Drei Knaben

Erster:
Die Vögel treffe ich im Flug.
Den Bogen schnitt ich selber.
Stolz macht mich diese Kunst.

Zweiter:
Letzten Frühling schoß es mir in die Arme,
ich glaubte umarmen zu sollen.
Ein leises Sehnen ließ mich mit den Wolken ziehen.
Warum mir dabei Tränen entrollten?

Dritter:
Das war keines von den lieblichen Mädchen,
das war ein Weib, fast so stark wie ich.
Als ich sie ergriff,
fühlte ich den Strom ihres heißen Blutes,
sengte ihr Atem mein Antlitz.
Und mit ihm glühte mein ganzes Wesen um Erlösung,
die vom Weibe kommt.

[1902]

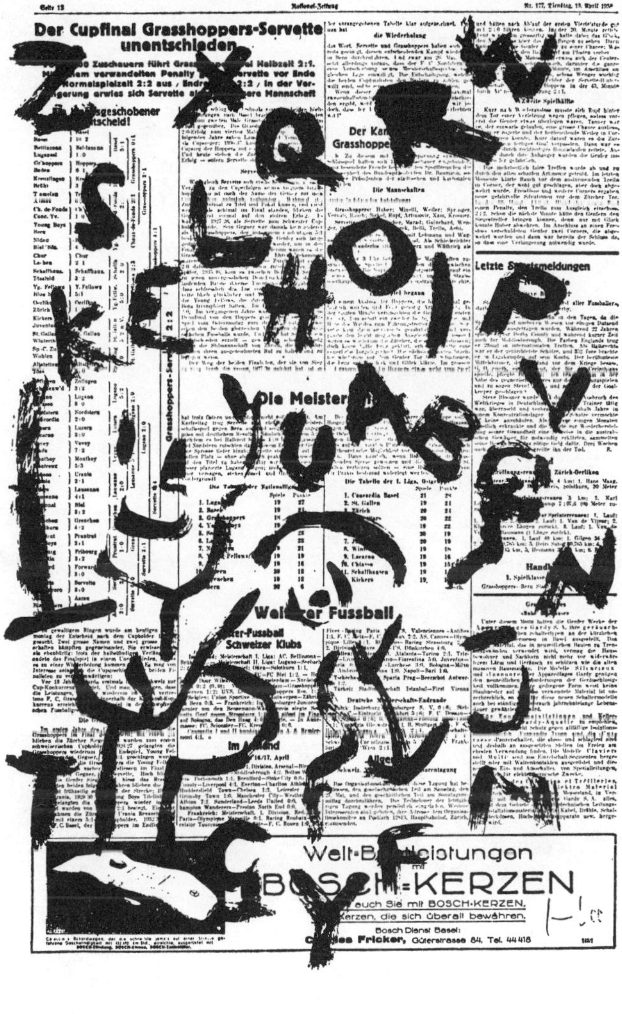
Der Cupfinal Grasshoppers-Servette
Die Meister
Weltfussball
Letzte Sportmeldungen
BOSCH-KERZEN

(III. 19)

Paßt auf,
nun mach ich Euch was vor,
auf dem besten Weg nämlich,
mich zu erhängen.

Ich habe nachgedacht,
so oder so wäre ein Leben noch möglich.
Doch weder so noch so paßt es mir.

Also: ich will,
daß mir geholfen ist,
schnell geholfen.

Was schaffst Du da?

Geh, Du störst mich.

Und wenn ich Dein Freund wäre?

Freunde hatte ich.

Und wenn ich Rettung brächte?

Rettung als Überseil,
als Übergiftflasche?
Eine andre nicht!

Sieh ins Auge
dem alten Freund der Menschen,
mir ins altersgraue Auge.

Unheimlich!
Was hast Du vor?

Wollen sehen,
Rom wollen wir sehen.

Rom als Rettung?

[1902]

Der Epigon

In mir kreist das Blut einer bessern Zeit.
Durch die Gegenwart schlafwandelnd,
hänge ich an der alten Heimat,
am Grab meiner Heimat.
Denn alles verschlang der Boden.
Die südliche Sonne hilft nicht meinen Leiden.

▪ [1902]

Sinnlichkeit
ist die Biegsamkeit des Fleisches
unter einem höheren Zwang.

Augen von Farben geblendet.
Ohren in Klang badend.
Nasen in Düften.
Ebenso die Liebesorgane.

▪ [1902]

Mit Blumen, ich kindischer Mann,
will ich dich kränzen, du blasses Angesicht.
An den weißen Wänden kann man lesen,
daß wo Chrysanthemen nahe sind.

Deine kühlen Lippen brauchen ein leichtes Fieber,
vielleicht schützt ein Kuß sie vor Trockenheit.

Wie schön du nun bist in Farben,
die nur ein Schein sind von Farben.
Schemen ganz neu beisammen
wollten meine übersatthungrigen Augen.

Und sollte ich sterben, dann leuchten sanft
zwei Abendblumen in der Dämmerung.

Zu deinen Augen mit den zarten tiefen Rändern
werde ich credo sagen und glauben,
was da ist beim Abschied.

▪ [1902]

Faule Redensarten:
bei wollen und nicht können sagen,
daß die Götter es einem nicht gönnen.
Frau Venus leugnen brav und verständig.
Von Christus glauben, er sei noch lebendig.
Faule Redensarten.

• [1902]

Kennt Ihr über Euch mein Lachen?
Freuet Euch, es nicht zu kennen;
denn es würd' Euch schrecklich brennen.
Und so brennt es mich allein.

Und mir sei es eben recht,
wenn Ihr zeugt ein flach Geschlecht.
Meine Art muß sterben.

• [1902]

Auf dürre Finger wird ein Tuch gespannt.
Dann wird eine krachende Salve abgebrannt.
Dann wird das krepierte Geschoß
kurz gebreitet dem Auge bloß.
Dann wird es, wobei die Finger knacken,
rasch eingewickelt in das Laken.
Nun noch titulieret den Zeitvertreib,
legendum: sich schneuzend ein altes Weib.

• [1902]

Beim Anblick eines Baumes

Die Vöglein sind zu beneiden,
sie meiden,
an Stamm und Wurzeln zu denken,
und selbstzufrieden schaukeln den ganzen Tag die behenden
und singen auf letztverzweigten Enden.

•

A un homme triste ins Stammbuch

Das fleischliche Fleisch hat dieser Mann
sich je gehütet zu fressen.
Er hat nur gerochen dran,
unterdessen
bleibt rein er
und viel zu feig zur Tat.

. [1902]

Als ich noch ein loser Schelm war,
wußte ich freche Lieder.

Einen Vers weiß ich noch:
«Er kam herunter und sie kam nieder.»

Die übrigen hat der Wind verweht.
Jetzt geb' ich mir Mühen und bin bieder.

. [1903]

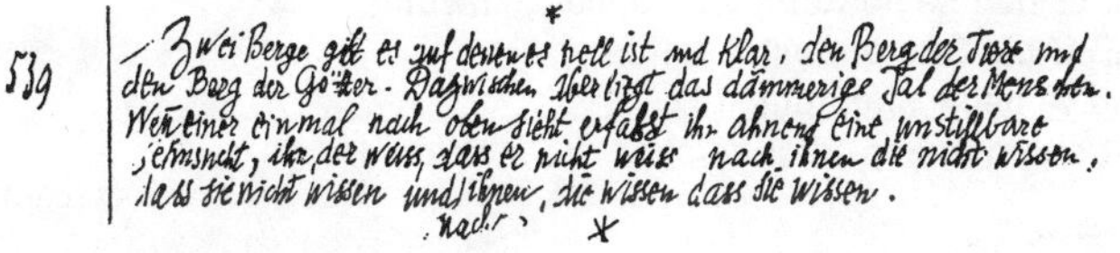
539 Zwei Berge gibt es auf denen es hell ist und klar, den Berg der Tiere und
den Berg der Götter. Dazwischen aber liegt das dämmerige Tal der Menschen.
Wenn einer einmal nach oben sieht erfaßt ihn ahnend eine unstillbare
Sehnsucht, ihn der weiss, dass er nicht weiss nach ihnen die nicht wissen,
dass sie nicht wissen und ihnen, die wissen dass sie wissen.
nach

Zwei Berge gibt es,
auf denen es hell ist und klar,

den Berg der Tiere und
den Berg der Götter.

Dazwischen aber liegt das
dämmerige Tal der Menschen.

Wenn einer einmal nach oben sieht,
erfaßt ihn ahnend
eine unstillbare Sehnsucht,
ihn, der weiß, daß er nicht weiß,
nach ihnen, die nicht wissen, daß sie nicht wissen,
und nach ihnen, die wissen, daß sie wissen.

. [1903]

Der Alte vom Berner Bund stieg auf die Berner Bretter,
– der Schwiegervater des Herrn Vetter –.
Zwei Backfische hat der Faun gestaltet;
im übrigen ist es ziemlich veraltet.

[1904]

Was bildet der Künstler?
Formen und Räume!
Wie bildet er sie?
In gewählten Proportionen …

o Satire,
du Leid der Intellektuellen.

[1905]

A und B haben lange beim Wein gestritten
und stehen auf entgegengesetzten Punkten.
Im Trinkstadium der Gerührtheit
kommen sie sich versöhnlich entgegen.

Jeder hält seine Rede mit so viel Schwung,
daß B bei Standpunkt A landet,
und A beim Standpunkt B.
Mit staunendem Blick reichen sie sich die Hand.

[1905]

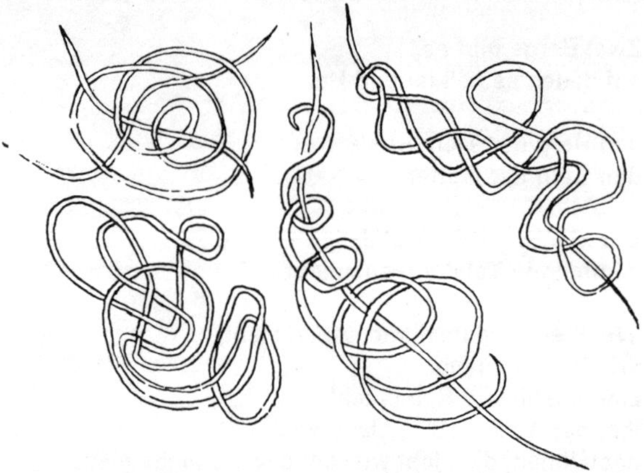

1930 Y. 10 : Wege zum Knoten

(Ill. 11)

O laß den unendlichen Funken
nicht ganz ersticken im Maß des Gesetzes.
Sieh dich vor!
Doch entferne dich auch nicht ganz von dieser Welt.
Denke dir, du wärest gestorben:
nach langen Jahren des Fernseins
wird dir ein einziger Blick
erdenwärts ermöglicht.

Du siehst eine Laterne stehen
und einen alten Hund, der sein Bein hebt.
Schluchzen mußt du da vor Ergriffenheit.

[1905]

Die Individualität ist nichts Elementares,
sondern ein Organismus.
Elementare Dinge unterschiedlicher Art
wohnen da unteilbar zusammen.
Wenn man teilen wollte,
stürben die Teile ab.

Mein Ich ist beispielsweise
ein ganzes dramatisches Ensemble,
da tritt ein prophetischer Urvater auf,
da brüllt ein brutaler Held.
Da räsoniert ein alkoholischer Bonvivant mit einem gelehrten Professor.
Da himmelt eine chronisch verliebte Lyrica.
Da tritt der Papa pedantisch entgegen.
Da vermittelt der nachsichtige Onkel.
Da tratscht die Tante Schwätz.
Da kichert die Zofe Schlüpfrig.

Und ich schaue zu mit erstaunten Augen,
die gespitzte Feder in der Linken.

Eine schwangere Mutter will auftreten.
Bscht! rufe ich, du gehörst nicht hierher.
Du bist teilbar.
Und sie verblaßt.

[1905]

Ein armes gepreßtes Schülerherz
hat es mir gestanden.
An's Fenster trieb es ihn,
weg von seinen Heften,
weg von der eingetauchten Feder.

Hinausspazieren wollten seine Augen
und drängten durch die Scheiben,
wo die Stirn anstieß.

Glückliche Kinder, die da unten spielten.
Glücklich Irenens Lächeln, des reizenden Mädchens.
Glücklich seine Augen, die ihr folgten.
Glücklich sein armes Schülerherz, das gepreßte.

Aber die neidischen Bäume,
Hehler seiner einzigen Augen- und Erdenlust.
Wie lange noch wollen sie halten gefangen Irenen.

Es tickt und tickt die Zeit,
und die Feder ist schon eingetaucht.

Und er gestand mir,
daß er im Spiegel sein Gesicht sah
voll Liebe und ohne die häßlichen Blüten.
Er weiß, seiner harrt besseres als sein heutig Teil.
Er weiß es, dort in der Ferne draußen.
Und die Lokomotive pfeift.

Es gibt Seligkeiten
nicht nur über den Sternen,
auch hienieden.
Es gibt Frauen,
später irgendwo
in einem Land.

Zu diesen Frauen betet er.
Es stehen dort Tempel
errichtet ihrem Geschlecht.

Und eine wird kommen,
die nicht eine ist,
sondern ganz des Geschlechtes.

Ich ließ dich grüßen durch Irenen,
wird sie sprechen.

Und ihre Stimme ist Musik.

[1905]

Bin ich Gott?
Ich habe großer Dinge so viel gehäuft in mir!
Mein Haupt glüht zum Springen.
Ein Zuviel an Macht muß es bergen.
Wollt ihr – seid ihr's wert? – daß es euch geboren werde.
[Beiseite]: Sie waren seiner auch nicht wert,
den sie kreuzigten.

Reeller: Das Genie sitzt im Glashaus,
aber im unzerbrechlichen, ideengebärend.
Nach den Geburten verfällt es in Raserei.
Greift zum Fenster hinaus nach dem Nächsten,
der da vorübergeht.
Die Dämonskralle hackt,
die eiserne Faust packt.
Sonst warst du Modell,
höhnt es zwischen Sägezähnen,
mir bist du Materie zum Werk.
Ich schmeiß dich hin an die Wand von Glas,
daß du pappen bleibst,
projiziert pappen...

Dann kommen die Kunstfreunde
und betrachten von außen das blutige Werk.

Dann kommen die Fotografen.
NEUE KUNST steht am andern Tag in der Zeitung.

Die Fachzeitschriften geben ihr einen Namen
mit der Endung auf ISMUS.

[1905]

(Ill. 7)

Du sollst beten:
Gib Vergessen meiner Seele,
daß sie irrt.

Wenn dich der Schmerz
wenigstens zum Tier –
Rotes Laken – machte,
das an die Kehle geht,
du blöder Lächler –
rosiges Lächeln –.

▪ [1905]

Ich neige vielleicht zum Verderben,
aber ich neige auch dazu,
mich immer wieder schnell zu retten.

Ich will nicht,
daß mich irgend etwas überwächst,
wenn ich's auch erleben möchte.

Ich will einfach nicht.
Ich muß gerettet werden.

▪ [1905]

Leb wohl gegenwärtiges Leben,
das ich führe.

Du kannst so nicht bleiben.
Vornehm warst du.
Reiner Geist.
Still und einsam.

Leb wohl Ehre
beim ersten öffentlichen Schritt.

▪ [1905]

Wahre Anekdoten:

Einer
dem im größten Schmerz
ein Raubtiergebiß wächst.

Eine Art Schiffbruch muß das sein,
wenn einer alt ist
und sich noch über etwas aufregt.

[1905]

58 1905/06 (Bern)

737 Der Mond war heut Nacht eine Perle, die wirklich Tränen bedeutet hat. Kein
(Dez 05) Wunder bei dieser Föhnlage. Einmal war es als ob das Herz still stehe.
Das Gehirn ist verdunstet. Kein Gedanke ausser an das Herz, welches still stand.
Falle nicht Ich! mit dir fiele die Welt zusammen, und Beethoven lebt durch Dich.

*

1906.

Der Mond
war heut nacht eine Perle,
die wirklich Tränen bedeutet hat.

Kein Wunder bei dieser Föhnlage.

Einmal war es,
als ob das Herz still stehe.

Das Gehirn ist verdunstet.
Kein Gedanke außer an das Herz,
welches still stand.

Falle nicht, Ich!
Mit dir fiele die Welt zusammen,
und Beethoven lebt durch dich!

[1905]

Mich braucht niemand zu ironisieren,
das besorg ich schon selber.

Mir träumte,
ich erschlug einen jungen Mann
und hieß den Sterbenden einen Affen.
Der Mann war darüber empört,
er liege doch in den letzten Zügen.

Desto schlimmer für ihn,
antwortete ich,
dann kann er sich nicht mehr hinautentwickeln!

Oh über das wohlgemästete Bürgertum!

[1906]

Traum

Ich flog nach Haus,
wo der Anfang ist.
Mit Brüten und mit Fingerkauen begann es.
Dann roch ich was oder schmeckte was.
Die Witterung löste mich.
Ganz gelöst war ich mit einem Mal
und ging über,
wie der Zucker ins Wasser.

Mein Herz war auch im Spiel,
viel zu groß war es schon lang,
nun quoll es übergroß.
Aber keine Spur von Beklemmung.
An Orte ward es getragen,
wo man die Wollust
nicht mehr sucht.

Käme jetzt eine Abordnung zu mir
und neigte sich feierlich vor dem Künstler,
dankbar auf seine Werke weisend,
mich wunderte das nur wenig.
Denn ich war ja dort,
wo der Anfang ist.
Bei meiner angebeteten
Madame Urzelle war ich,
das heißt so viel wie fruchtbar sein.

[1906]

(III. 15)

Dein Kopf ist ein Turm
mit strahlentanzenden Linsen.

▪

Die geübte Hand weiß es oft viel besser
als der Kopf.

▪

O Dichter!
Willst Du den Moder einer Gruft schildern
und gebricht es Dir dabei
an der so nötigen Inspiration,
kauf Dir einen Camembert,
und ab und zu daran riechend,
wirst Du können.

▪ [1906]

Traum.
Ich bin bei einem Zauberer
im Garten zu Besuch.
Da steht eine Bank
ganz aus Crimsonrosen.
Bitte!,
fordert er mich auf zum Sitzen.
Ich tue als ob.
Er setzt sich ohne Miene zu verziehen.
Meine Scheinstellung ist nachgerade peinlich.
Vis-à-vis steht am Fenster
des Zauberers Tochter,
ich lächle verlegen zu ihr hinauf.
Entrüstet schlägt sie das Fenster zu,
beobachtet mich aber
desto ungenierter hinter Gardinen.

Im Traum kehren oft
Momente des Lebens wieder,
die uns überraschten
und auf Augenblicke
hilflos machten.
Meist sind es Kleinigkeiten.
Große Eindrücke,
bei denen man sich beherrscht hat,
bleiben fern.

[1906]

Wasser
darauf Wellen,
darauf ein Boot,
darauf ein Weib,
darauf ein Mann.

[1906]

Romantische Attacken?
Phantasterei?
Schwärmerei?
Dunstmassen schwer getürmt?
Blitzzüngelnd?
Dramatisch: Aus den Fugen
geht das Gesetz!
Oh!

[1906]

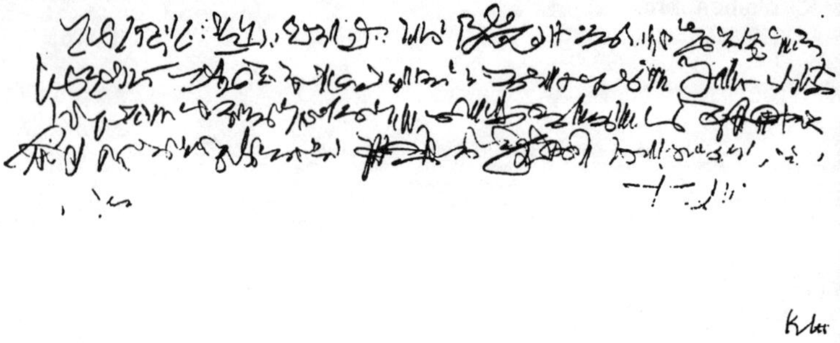

1931. Y4. abstracte Schrift

(III. 12)

1908

Der Rückblick beim Jahreswechsel
stimmte doch etwas ernster als bisher.

Es ist doch nichts so Harmloses,
Kinder in die Welt zu setzen!

Am ganzen Horizont bläulich
phosphoreszierendes Wetterleuchten.

Ich als Schauspieler armverschränkt
in der Mitte des Kreises:
«Möge es blitzen!»

Die Pose hielt indes nicht lang an,
man wird schon im Lauf
eines einzigen Alltages
bald etwas größer,
bald wieder etwas kleiner.

Etwas vom Geist
Josephs des Zimmermanns
gehört auch zu so einem
kleinen Hausvater.

Manches Erhabene,
manches Verstiegene,
manches Bizarre,
manches Geistige
liegt hinter Schloß und Riegel.

[1908]

Ich versuch's nun einmal
ohne Spekulation,
ohne geistvolles Eigenleben.
Klein versuch ich's,
herabgestimmt,
etwas bürgerlich.
Das Viertel Schweizer in mir versucht's.

Gehe lernbegierig zur Schule,
bei Lehrer Meier-Gräfe
oder bei Lehrer Karl Scheffler
zu erfahren,
wie ich es machen muß,
um ein guter Künstler zu werden.

Hab' ich doch schon am Progymnasium
hingebungsvoll nach der Natur gezeichnet.
So frei von Persönlichkeit
braucht es ja nicht mehr abzugehn,
aber frei von allzu vieler Beschäftigung
mit der Persönlichkeit
– der Lehrer hebt den Zeigefinger –,
darauf kommt's stirngerunzelt an!
Persönlichkeit hat man eh
in meinem Alter,
bin doch jetzt in arte
ein höherer Jüngling!

Wenn die Natur nun selber
keiner Persönlichkeit gehorcht,
keinem zentralen Willen,
sondern alles an ihr Gewöhnung,
Gelegenheit und Anpassung ist,
dann desto besser.

Wenn es aber einen Gott gibt?
– Bscht!! –

Der Herr Lehrer meint:
«Was kümmert dich das Wesen Gottes,
sieh dir eins seiner Blumenbeete an,
das genügt.»

«Ich will ja brav sein, Herr Lehrer!»

«Außerdem ist es dir gesund,
du lebst und webst im Freien,
da gibt's keines Gedankens Blässe!
Du bist unter Bienen und Schmetterlingen
eine kleine ameisige Emse.»

(Ill. 5)

«Herr Lehrer, darf ich daneben
auch etwas Mu-Mu-Musik machen??»

«Vielseitige Künste?
Ja! sollste, darfste!
Vielseitige Künste sind gut,
wenn se nur nicht
zu's Jesamtkunstwerke führen.»

[1908]

Handlung sei außerordentlich
und nicht Regel.

Handlung ist aoristisch,
muß sich abheben
von Zuständlichem.

Will ich hell handeln,
so muß der Zustand
dunkel zu Grund liegen.

Will ich tief handeln,
setzt das helle Zustände voraus.

Die Wirkung der Handlung
erhöht sich bei starker Intensität
und kleiner Ausdehnung,
aber auf geringer zuständlicher Intensität
und großer zuständlicher Ausdehnung.

Niemals die hauptsächliche Ausdehnung
des Zuständlichen aufgeben!

Auf mitteltoniger Zuständlichkeit
aber ist doppelte Handlung möglich,
nach hell und nach tief hin gesichtete.

[1908]

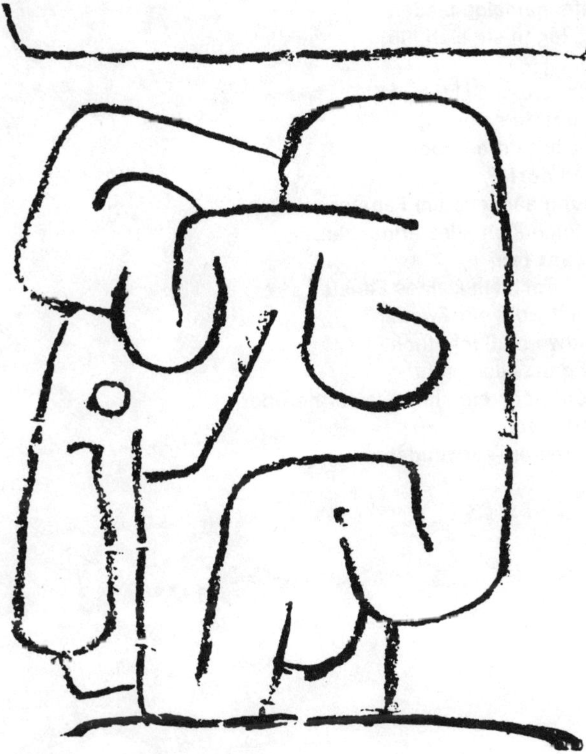

(Ill. 25)

Es gibt Tage
wie eine blutdampfende Schlacht.
Nun tiefe Nacht,
nur nicht für mich,
für die andern,
für die Stumpfen,
die die Schlacht nicht spüren.
Die machen Musik,
leichte, gemeine Lieder.
Dann legen sie sich hin.

Ich finde den Schlaf nicht.
In mir glüht es noch,
in mir brennt es noch
da und dort.
Kühlung suchend am Fenster
seh' ich außen alles erloschen.
Nur ganz fern
brennt noch ein kleines Fenster.
Da sitzt wohl ein Zweiter?
Irgendwo muß ich doch
nicht ganz allein sein!
Da tönt noch ein altes Klavier herüber,
das Stöhnen
des anderen Verwundeten.

[1908]

Reduktion!
Man will mehr sagen
als die Natur
und macht
den unmöglichen Fehler,
es mit mehr Mitteln
sagen zu wollen als sie,
anstatt mit weniger Mitteln.

Das Licht
und die rationellen Formen
liegen im Kampf,
das Licht bringt sie in Bewegung,
biegt gerade,
ovalisiert parallele,
dreht Kreise in die Zwischenräume,
macht den Zwischenraum aktiv.

Daher die unerschöpfliche
Mannigfaltigkeit.

▪ [1908]

Herr Waldemar,
als sich die Aasfliege
auf seine Hand setzte:

«Bitte noch zweimal
um etwas Geduld!»

▪ [1908]

Zauber

Fernab vor dir
dicht davor ein Weg steigt
verzweigt,
kein Weg neigt,
ein Weg neigt jach erloschen,
sachte wach:
durch Nacht und Sonne.

O keiner Seele du Wonne,
o du Krakeele der Menge,
du Mißgeklänge
durch Fragengedränge.

Schau scheel
wer da zwänge sich durch?
«wer da kam durch das Tor»,
grad davor das Tor:
vor dem Gradaus.

Und links kein Steg
und rechts ein Geheg:
zarter Blumen.

Was tun?
Da kommt keiner,
der dicke Gott,
der gute Gärtner
– gutgartneu –
will daß da kommt:
Keiner durch.

Doch da kommt so einer,
doch so einer!

Man hört lachen:
laß dir raten,
Mann der Taten,
Mann von was für Sachen!

1932 R 17 mein Onkel, als er verzaubert war (III. 13)

Nichts errät er,
durch geht er,
tritt drei Veilchen
und ist in zwei Weilchen:
drüben gemach.

Die Kaffern gaffern,
gaffern ihm nach:
Ihm nach: dem Wicht.

Was Licht jetzunder,
was Wunder!
Was für Fêten,
was Nuditäten,
Freunde mit Bechern,
Damen mit Fächern,
und dieser Fant
tut so bekannt.

Den Kaffern wird's hell,
zur Stell
wollen fahren auch sie:
ins gelobte Land.

Schockschwere Not
durch Gauklerhand:

nun hat das Tor eine Mauer,
die scheidet den Schimmer vom Schauer.
Flammenbehaart
steht Bart an Bart,
eine Tigerkette.

Dämmerung liegt auf der Lauer.

Die Klänge verhallen,
nur sacht
durch die Nacht
dringt Knurren der Biester.

Bis die Obskuren
sich sonder Murren,
sich aus dem Staube gemacht.

▪ [1908]

O Graus
bis in sein hohes Alter
es war ein Mann
trotz Kitzels und wie
der nieste nie.

Bis es zum Schlusse
kam zum Nuß

doch kam zum Nuß –
Kanonenschuß

und mit dem Herrn Verwalter
war's aus.

▪ [1908]

Ich kenne wohl
die Äolsharfen-artige Weise,
nach innen zu erklingen.

Ich kenne wohl das Ethos,
welches dieser Sphäre eignet.

Ich kenne ebenso gut
die pathetische Gegend der Musik
und denke mir leicht dazu
bildnerische Analoga aus.

Nun tun mir beide
zur gegenwärtigen Zeit
gar nicht not.
Im Gegenteil,
ich sollte so einfach sein,
wie ein kleines Volkslied.
Arglos-sinnlich sollte ich sein,
offenen Auges.

Das Ethos möge in der
Ferne warten.
Es eilt nicht.

Das Pathos möge
überwunden sein.
Wozu drangvoll weg
von einer freudigen Diesseitigkeit??

Das Schwere ist daran nur,
Entwicklungen, die schon vorbei,
nachzuholen,
aber «es muß!» [1909]

Öffne Dich, Du Pforte in der Tiefe,
Verlies im Grunde, gib mich frei,
den Belichtung Witternden.
Und helle Hände kommen, die mich greifen,
und Freundes Worte sagen froh:
Her Ihr Bilder schöner wilder Tiere,
entsteiget Eurem Zwinger,
daß lieblich gleiten Finger
durch flammend Fell.
Und eins ist man wie ehedem
in Gottes Garten
Tag und Nacht
und Sonn' und Pracht der Sterne.

– Im Paradies der Dichtung – Zitternden –

[1909]

Ich soll jetzt
dreißig Jahre alt sein,
das hat mich etwas erschreckt.

«Seid's gewesen,
ihr Träume,
ihr Phantasien.
Jetzt heißt es,
so sein wie man kann.
Realpolitik itzo
und kein geschraubtes
Sich-Hinauflügen mehr!»

Aber der Vagabund
wird ja doch unverbesserlich
ganz sicher sein!

[1909]

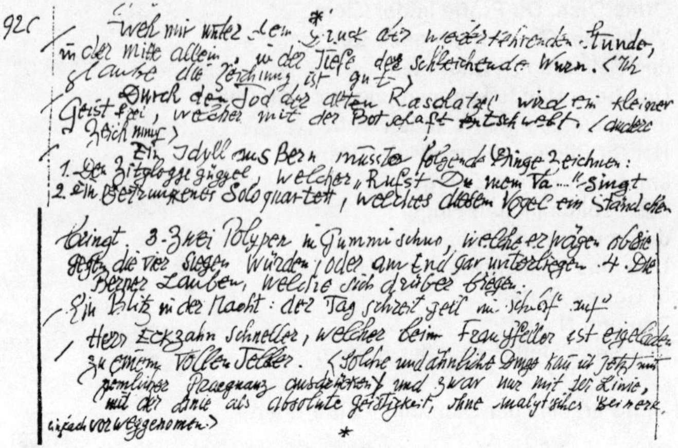
92c Weh mir unter dem * Druck der wiederkehrenden Stunde, in der Mitte allein, in der Tiefe der schleichende Wurm. <Ich glaube die Zeichnung ist gut>
Durch den Tod der alten Rasolatze wird ein kleiner Geist frei, welcher mit der Botschaft entschwebt. <andere Zeichnung>
Ein Idyll aus Bern musste folgende Dinge zeichnen:
1. Der Zitgloggegüggel, welcher „Rufst Du mein Va...." singt
2. Ein betrunkenes Soloquartett, welches diesem Vogel ein Ständchen bringt. 3. Zwei Polypen in Gummischuhn, welche erwägen ob sie gegen die vier siegen würden, oder am End gar unterliegen. 4. Die Berner Lauben, welche sich drüber biegen.
Ein Blitz in der Nacht: der Tag schreit gell im Schlaf auf
Herr Eckzahn Schneller, welcher beim Frau Gfeller ist eingeladen zu einem vollen Teller. <Solche und ähnliche Dinge kann ich jetzt mit ziemlicher Praegnanz ausdrücken und zwar nur mit der Linie, mit der Linie als absolute Geistigkeit, ohne malerisches Beiwerk einfach vorweggenommen>
*

Weh mir
unter dem Druck der wiederkehrenden Stunde,
in der Mitte allein,
in der Tiefe der schleichende Wurm.
.

Ein Blitz in der Nacht:
der Tag schreit gell im Schlaf auf.
Herr Eckzahn Schneller,
welcher bei Frau Gfeller
ist eingeladen zu einem vollen Teller.
. [1913]

Wäre ich ein Gott, zu dem man betet,
ich käme in die größte Verlegenheit,
von einem Tonfall des Bittenden irgendwo gerührt zu werden.
Sobald das Bessere nur leise anklänge,
würde ich gleich Ja sagen,
«stärkend das Bessere mit einem Tropfen von meinem Tau».
Somit würde von mir ein Teilchen gewährt,
und immer wieder nur ein Teilchen,
denn ich weiß ja sehr wohl,
daß das Gute in erster Linie bestehen muß,
aber doch ohne das Böse nicht leben kann.
Ich würde also in jedem einzelnen
die Gewichtsverhältnisse der beiden Teile ordnen,
bis zu einem gewissen Grad der Erträglichkeit.
Revolution würde ich nicht dulden,
wohl aber zu ihrer Zeit selbst machen.
Daran sehe ich, daß ich noch kein Gott bin.

Ich wäre auch leicht, und mir dessen bewußt, zu überlisten.
Ich wäre rasch im Verleihen eines Ja, einem kurzen
Tone im Gebet gegönnt, welcher rührte.

Gleich darauf wär ich imstande,
sehr inkonsequent zu handeln,
und mich zu verwandeln
in das Ungeheuer Schauer,
welcher liegt auf solcher Lauer,
daß es dann gibt Trauer
in Familien, wo sein Gift
gerade trifft.

Viel historisches Theater wollte ich auch machen,
die Zeiten würden losgebunden von ihrem Alter,
das wäre ein Durcheinander zum Lachen.
Aber mancher wäre entzückt,
– hätt ich zum Beispiel je einen irrenden Ritter
draußen im Busch gefunden,
ich wär beglückt! –.

Ein bißchen narren würd ich die Leutchen auch zuweilen
und gäbe ihnen in der Labung Ätzung,
in der Nahrung Zersetzung –
und Schmerz in der Paarung.
Ich stiftete einen Orden,
im Banner die lustig hüpfende Träne.

▪ [1914]

Was klammerst Dich so an die Nacht?
«Es dämmert!
Erst wenn es furchtbar hämmert,
erst wenn es reißt,
Du weißt:
Du hast ein Herz.
Dann stirbt dem Drang sein Verlangen nach fort,
es war zwar nicht Phrase,
doch platzte die Blase.»

– Der Antwortende stirbt. –

▪ [1914]

Ich bin gewappnet,
ich bin nicht hier,
ich bin in der Tiefe,
bin fern ....
ich bin so fern ....
Ich glühe bei den Toten.

▪

Die Schöpfung
lebt als Genesis
unter der sichtbaren Oberfläche
des Werkes.

Nach rückwärts
sehen das alle Geistigen,

nach vorwärts
– in die Zukunft –
nur die Schöpferischen.

▪

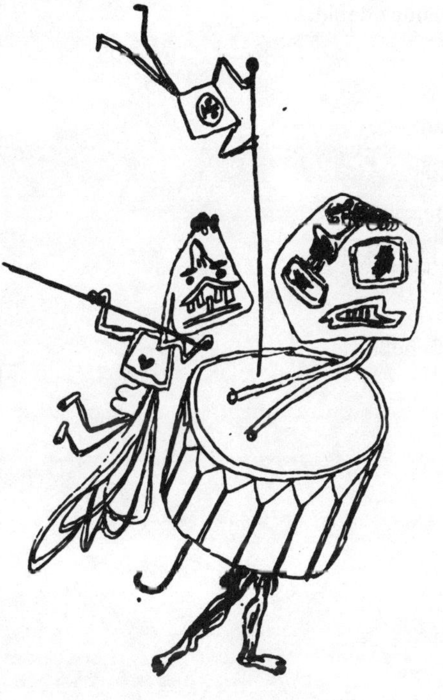

1932 U. 6 trotz dem lärm (Ill. 14)

Den Chorus mysticus erfinden,
der von einigen
hundert Kinderstimmen
vorgetragen werden müßte.

Wer das könnte,
der brauchte sich nicht strebend mühen.

Die vielen Werkchen
führen letzten Endes dahin.

▪

Elend.
Land ohne Band,
neues Land,
ohne Hauch
der Erinnerung,
mit dem Rauch
von fremdem Herd.
Zügellos!
wo mich trug
keiner Mutter Schoß.

▪ [1914]

Die großen Tiere trauern am Tisch
und sind nicht satt.
Aber die kleinlistigen Fliegen
klettern auf Brotbergen
und wohnen in Butterstadt.
.
Nur eines allein ist wahr:
im Ich ein Gewicht, ein kleiner Stein.
.
Ein Auge, welches sieht,
das andere, welches fühlt.
.
Menschentier,
Uhr aus Blut.
.
Der Mond
im Bahnhof: eine von den vielen Lampen
im Wald: ein Tropfen im Bart
am Berg: daß er nicht rollt!
daß ihn der Kaktus nicht spießt!
daß Ihr die Blase nicht zerniest!
. [1914]

Großpapa fährt Karussell auf der Pfeffermühle.
Ein Dieb? Schnell das Gebiß für den Hund!

Sie wünschen?
Eine Glaskugel!
Wie groß?
Vielleicht in Vollmondgröße!
– Gegenseitiges verstehendes Lächeln. –

Nicht jeder soll erraten dies hier,
denn wehe mir,
sonst wär ich ganz verraten.
. [1914]

Die Genesis als formale Bewegung ist das Wesentliche am Werk.
Im Anfang das Motiv, Einschaltung der Energie, Sperma.
Werke als Formbildung im materiellen Sinne: urweiblich.
Werke als formbestimmendes Sperma: urmännlich.
Meine Zeichnung gehört ins männliche Gebiet.

• [1914]

Formbildung
ist energisch abgeschwächt
gegenüber Formbestimmung.

Letzte Folge beider Arten von Formung
ist die Form.

Von den Wegen zum Ziel.

Von der Handlung zum Perfektum.

Vom eigentlich Lebendigen
zum Zuständlichen.

Im Anfang
die männliche Spezialität
des energischen Anstoßes.

Dann das fleischliche Wachsen des Eies.

Oder:
zuerst der leuchtende Blitz,
dann die regnende Wolke.

Wo ist der Geist am reinsten?
Im Anfang.

Hie Werk, das wird
– zweiteilig –.
Hie Werk, das ist.

• [1914]

Meine kristallklare Seele
war je da und dort hauchgetrübt,
meine Türme manchmal bewölkt.

Pein setzt sich zur Liebe,
und ohne Sehnsüchte
kann ich nicht lang noch kurz leben.

[1914]

Traum

Ich finde mein Haus: leer,
ausgetrunken den Wein,
abgegraben den Strom,
entwendet mein Nacktes, –
gelöscht die Grabschrift.
Weiß in weiß.

[1914]

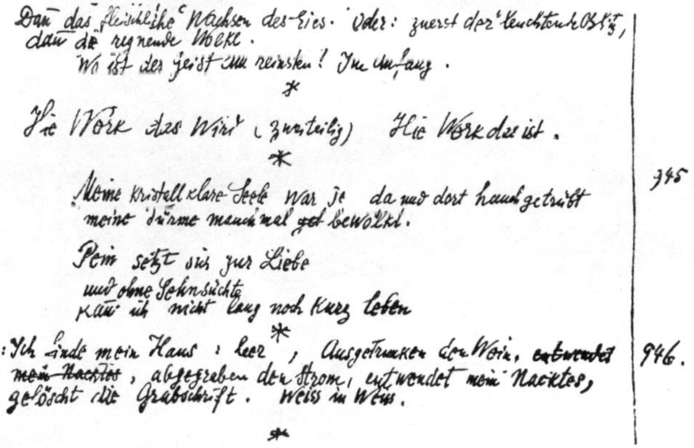

Dann das fleischliche Wachsen des Eies. Oder: zuerst der leuchtende Obst, dann die regnende Wolke.
Wo ist der Geist am reinsten? Im Anfang.

*

Die Worte des Wirt (zweiteilig) Die Worte das ist.

*

Meine kristallklare Seele war je da und dort hauchgetrübt 945
meine Türme manchmal bewölkt.

Pein setzt sich zur Liebe
und ohne Sehnsüchte
kann ich nicht lang noch kurz leben

*

Traum: Ich finde mein Haus : leer, Ausgetrunken den Wein, abgegraben den Strom, entwendet mein Nacktes, 946
gelöscht die Grabschrift. Weiss in Weiss.

*

Töne aus der Ferne.
Ein Freund früh am Morgen
hinter dem Berg,
Hörnerklang,
Smaragden.

Es ruft mich Gedankengruß,
Kuß sich ahnender Seelen verheißend.

Es verband uns ein Stern,
sein Auge fand uns:
Zwei Ich als Gehalt,
mehr denn als Gefäß.

Heilige Steine gestern,
heute rätsellos,
heute Sinn!:

«Ein Freund früh am Morgen
hinter dem Berg.»

[1914]

Eine Art von Stille leuchtet zum Grund.
Von Ungefähr
scheint da ein Etwas,
nicht von hier,
nicht von mir,
sondern Gottes.

Gottes!
Wenn auch nur Widerhall,
nur Gottes Spiegel,
so doch Gottes Nähe.

Tropfen von Tief,
Licht an sich.
Wer je schlief und der Atem stand:
der ...
Das Ende heim zum Anfang fand.

[1914]

Weil ich kam, erschlossen sich Blüten,
Die Fülle ist ringsum, weil ich bin.
Zum Herzen zaubert meinem Ohr
Nachtigallsang.
Vater bin ich allem,
Allen auf Sternen,
und in letzten Fernen.
Und
weil ich ging, ward es Abend
Und Wolkenkleider
hüllten ums Licht.
weil ich ging,
Schattete das Nicht
über allem.
O
Du Stachel
in silbern schwellender Frucht!

[1917]

Allerhand und bein
Allerhand und fuß

W INTERESSE N

Bettelarm und reich

Eine Amme eingeschoben zwischen
KA und EL
Wobei das eine M dann
ruhig wegbleiben kann.

[1938]

Bildtitel

1902 Zuhälterartiger Athlet.

1903 Zwei Männer, einander in höherer Stellung vermutend, begegnen sich.

1904 Der Witz hat über das Leid gesiegt.

1905 Weiblicher Kretin in altmodischem Mantel und cul de Paris.
Weiblicher Akt, Gesäß tierartig herausragend, monumental selbstbewußt.

1906 Der Jammer der Kreatur, weiblicher Akt, sich die Haare raufend.
Mädchen, sich bückend, von einem schlangenartigen Dackel gefolgt.

1907 Weiblicher Akt, halb fliehend, halb tanzend, sich befreiend, hinten ein hilfloser Kinderakt.
Der Wassermann als Fetischist.

1908 Vier Akte, Mutter und Kinder, sich vor der Rückkehr des Vaters fürchtend.
Klumpgeister, Wischgeister und Lichtgeister.

1909 Der Pianist in Not. Witzblatt. Karikatur auf die moderne Musik.
Studie nach einem männlichen Modell. Durchgeistigung durch Primitivität.

1910 Inspiration. Dichter und Lampe.

1911 Regattazuschauer auf kleinem Dampfer.

1912 Der höhere Geist in Trauer über den tieferen.
Johann Schmalz bedeutet einer Gruppe von Weibern, daß sie sich seinen Lüsten zu fügen haben.

1913 Das Ungeborene ist seiner Zukunft eingeordnet.
Ein Muttergeist verfolgt besorgt die erste Ausreise eines Tochtergeistes.

Ehe: «laßt mich schweigen über den da unten!»
«von der kann ich erzählen!»
Josefs Keuschheit erregt den Unmut der trüben Regionen.

1914 Ein Auge, welches sieht, das andere, welches fühlt.
Vorzeichen schwerer Schicksale.

1915 Abgeschiedene, von einem gedeckten Tisch angezogen.
Was ein Mädchen unwissend mit sich bringt.
Kristallinische Erinnerung an die Zerstörung durch Marine.
Mit der gelben und der grünen Sonne.
Kopfbein, aus dem Schöpfungspapierkorb.

1916 Kleine Landschaft: «Häuschen, die einen Hügel besteigen».
Schiffe, ein Schiff – Fisch – Bastard.
Häuser, von Ochsen gezogen, Ochse laternengespießt,
Straßenüberführung.

1917 Mystische Landschaft mit dem Wurm im Boden.
Himmelsblüten über dem auserwählten gelben Haus.
Hafenbild mit dem schwarzen Halbmond und der indischroten Sonne.

1918 Hakimora vor seiner letzten Erhebung.
Die Stadt des blauen Sterns.

1919 Nabul, oder höllische Verkehrtheit.
Der Eierkater.
Moscheevorhof, statt der Moschee eine Sphinx oder
Denkmal des Kaisers mit Kreuz.

1920 Es war ein Kind, das wollte nie.
Landschaftliche Holzarchitektur oder Bühnengebirgskonstruktion.
Fermate beim Tod einer Schlange.
Feier und Untergang. Rote Landschaft mit weißen
Signalen, gelbem Vollmond, schwarzem Halbmond und
untergegangener Sonne.

1921 Das Gießkannenmännchen pflegt den Riesenhomunculus.
Silbermondschimmelblüte.
Wissen, Schweigen, Vorübergehn.

Verlassener Platz einer exotischen Stadt – als Wahrzeichen eine Tomate.
Magnetischer Reagenzmesser für Frauen.

1922 Der Angriff als Symbol, Wille und Vollzug.
Wandbild aus dem Tempel der Sehnsucht: «Dorthin!»
Ein junger Fuchs möchte fliegen.

1923 Versinkende Villen und aufsteigende Baracken.
Die Stachelschlinge mit den Mäusen.
Amandus verfolgt ein Mädchen mit Kuchen.

1924 Gespenst der ersten Geliebten.
Der Mond mit dem Sonnenschirm, ein Scherzo.
Kloaken-Ente.
ARA. Kühlung in einem Garten der heißen Zone.
Bildnis vergangener Schönheit.

1925 Abenteuer zwischen Kurl und Kamen.
Drei sanfte Narrenworte.
Vogel PH füttert UR mit der Schlange.
Horizont, Gipfelpunkt und Atmosphäre.

1926 Adrasteapolis.
Mit solchen Köpfen schwer zu schleichen.

1927 Handlanger, Fußkürzer.
Ihr habt hier eine Lumpenwirtschaft.
Über meinem Haus selbstverständlich der Mond.
Geht kaum mehr, fliegt noch nicht.
Harmonie mit schräger Dämpfung.

1928 Das Horn im Zelte wahrgenommen.
Aus meinem Auge: Schnecke!

1929 Monument an der Grenze des Fruchtlandes.
Es gibt welche, gehen wo sie wollen.
Starres und Bewegtes geistert.

1930 Der Mann mit dem Mundwerk.
Berg und Luft synthetisch.
Hat Kopf, Hand, Fuß und Herz.

1931 In Engelshut auf steilem Weg.
Scene im Stile Strindbergs.
Analyse eines Momentes.
Erinnerung an Erlittenes.
Il n'a nul mal, qui n'a le mal d'amour.
L'homme approximatif.

1932 Hilf! Schlange ist da! Kann nicht!
Miniatüre zu einem Gedicht.
Sch! Gefahr!

1933 Ein Negerkind versteht den Schnee nicht.
Wenn die Soldaten degenerieren.
Die kleine WIRMNIR.
Ein Meister muß durch ein schlechtes Orchester.
Heißer Ort zwischen Kreuz, Kreis und Dreieck.

1934 Panisches Idyll.
Neuer Kristall: Allegarx repuchter.

1935 Stilleben mit dem toten Spiegel.
Frau in schweren Gedanken.

1936 Hexenschmiede.
Das Tor zur Tiefe.

1937 Ein Einbaum, über Land spazierend.
Brückenbogen treten aus der Reihe.
Kriechendes und Bäumendes.

1938 Ein Vorhängschloß geht nachts spazieren.
Schweres durch ein Gesicht gezogen.
Shok-Mädchen, dem es die Sprache verschlug.
Bemanteltes Selbfünft.

1939 Sirene BE, legen müßtend.
Stimme aus dem Äther: «Und du wirst dich satt essen» –
Kopf beim Anhören der Propaganda.
Madame van Honten-virn.
Ein reconstruierter Torso auf der Flucht.
Mehr Vogel als Engel.

1940 Simplex besucht Complex.
Mme. G. von Vorstand der Hetären.
Eidola, weiland was? Nur noch Schemen.
Närrische Jugend! Krieg! Dort geht's los! Trunkener Vormarsch, kreisen ein!
Detaillierte Passion: auch Dürers Mutter.
MUMOM sinkt trunken in den Sessel.
Metamorphosen: «der Zusammenbruch der biblischen Schlange».

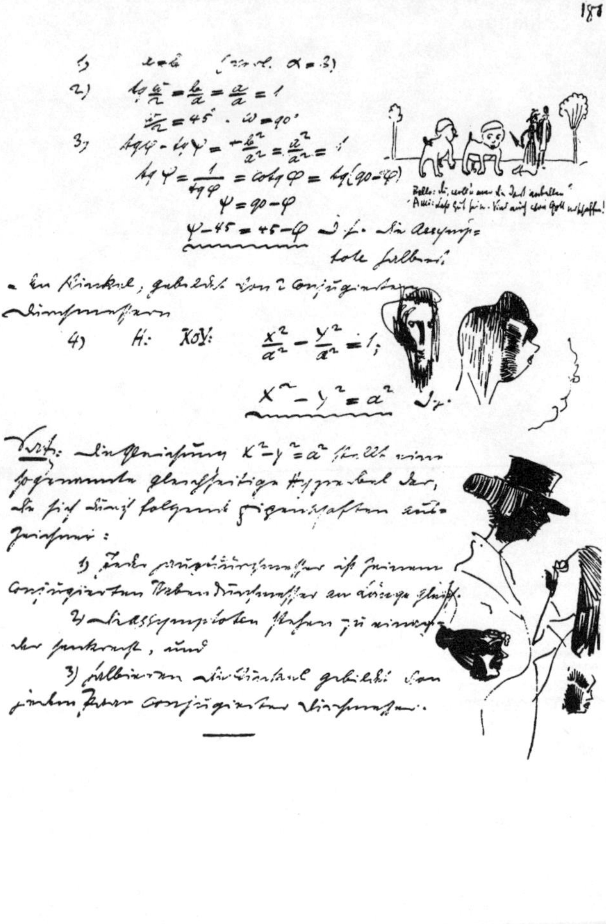

18

1) $a = b$ (vergl. $\alpha = 3$)

2) $\operatorname{tg} \frac{\alpha}{2} = \frac{b}{a} = \frac{a}{a} = 1$

$\frac{\alpha}{2} = 45°$. $\omega = 90°$

3) $\operatorname{tg}\varphi \cdot \operatorname{tg}\psi = +\frac{b^2}{a^2} = \frac{a^2}{a^2} = 1$

$\operatorname{tg}\psi = \frac{1}{\operatorname{tg}\varphi} = \operatorname{cotg}\varphi = \operatorname{tg}(90-\varphi)$

$\psi = 90 - \varphi$

$\psi - 45 = 45 - \varphi$ d. h. die Asymptote halbiert den Winkel, gebildet von 2 conjugierten Durchmessern

4) H: XOY: $\frac{x^2}{a^2} - \frac{y^2}{a^2} = 1$;

$x^2 - y^2 = a^2$ d. h.

Def.: Die Gleichung $x^2 - y^2 = a^2$ stellt eine sogenannte gleichseitige Hyperbel dar, die sich durch folgende Eigenschaften auszeichnet:

1) Jeder Hauptdurchmesser ist seinem conjugierten Nebendurchmesser an Länge gleich.

2) Die Asymptoten stehen zu einander senkrecht, und

3) halbieren die Winkel gebildet von jedem Paar conjugierter Durchmesser.

(Ill. 2)

Anhang

WEITERE GEDICHTE UND FRAGMENTE IN CHRONOLOGISCHER ORDNUNG

Die folgenden, in diese Ausgabe neu aufgenommenen Strophen und Verse stammen zur Hauptsache aus zwei 1926 bzw. 1933 von Paul Klee geführten Agenden. Dazu kommen Texte aus Zeichnungen sowie aus Studienskripten und Familienbriefen. Dieser eher intime Charakter der neu publizierten Materialien sowie ihr oft rein dokumentarischer Wert ließen es ratsam erscheinen, sie separat zugänglich zu machen. Genauere bibliographische Hinweise sind am Schluß zu finden.

In später Stunde sitze ich
hier in dem kahlen Zimmer
den ganzen Tag dacht' ich an Dich,
ich seh Dein Bild noch immer.

Ich seh' die Locken herunter wallen,
ich seh' das blasse Rot der Wangen,
Du bist das schönste Mädchen von allen.
Warum doch staun' ich so mit Bangen?

Beim Spiele hab' ich Dich heut' gesehn.
Wir haben gesprochen von vielen Dingen,
beinahe konnt' ich nicht widerstehn,
das Gespräch bis auf die Liebe zu bringen.

Wir sahen uns innig an als wir schieden,
und drückten uns warm die Hand,
doch mein stürmischer Geist war nicht zufrieden
und in mir tobte ein feuriger Brand.

▪ [1895]

Ich bin der Hanswurscht ...
dursch ...
o weh ...
bis zur Zeh.

▪ [1898]

Bello: du, woll'n mer die dort anbellen?
Ami: Laß gut sein,
sind auch von Gott erschaffen!

▪ [1898]

B. Gleichung der Curve

$$\overline{QF} = p$$
$$QO = OF = \frac{p}{2}$$
$$PF = PQ$$
$$\overline{PF}^2 = \overline{PQ}^2$$
$$\overline{PF}^2 = \left(x - \frac{p}{2}\right)^2 + y^2$$
$$\overline{PQ}^2 = \left(x + \frac{p}{2}\right)^2$$

$$\left(x - \frac{p}{2}\right)^2 + y^2 = \left(x + \frac{p}{2}\right)^2$$
$$x^2 - px + \frac{p^2}{4} + y^2 = x^2 + px + \frac{p^2}{4}$$
$$\underline{y^2 = 2px} \;\Big|\; y = \pm\sqrt{2px}$$
$$x = \frac{p}{2} \;\Big|\; y = \pm p$$

3. Aufgabe: Ein Punkt P bewegt sich so, daß die Summe seiner Abstände von 2 festen Punkten F_1 & F_2 constant & gleich 2a ist.

A. Construction der Curve.

Ich bin der Verfasser [illegible]
... [illegible]
... [illegible]
... [illegible]

[illegible]

(III. 1)

Liebestod im Lenz

Elisabeth: Suche nicht nach meinem Auge,
ich will es nicht haben.
Denn wie sollt' ich wissen,
was du denkst dabei?
Tadle mich nicht
und noch weniger finde mich schön.
Ich tu was sie gut nennen
und ich will lassen, wovor meine Seele erschrickt.
Mein Weg ist aber umschleiert.
Jag mein Schritt;
und niemand kann mir helfen,
auch Du nicht.
Schon wieder seh ich Deine Augen fragen
und die meinen muß ich niederschlagen.
Wüßtest Du die Qual meiner Seele,
Dich triebe fern, was ich verhehle.
Flieh hin! Laß mich! Denk nicht an mich!
Vergiß, was ich zu Dir sprach! Weh.

Es ist keine Sonne im Lande meiner Seele.
Nur gen Abend liegt eine leichte Röte über den Bergen
und die Nacht ist im Anzug.
Ich hoffte einst auf wonnevolle Tage
und fühlte, mir wäre ein Anrecht darauf gegeben;
aber das war ein Traum des schlummernden Kindes
und erwachend geriet ich ins Dickicht und in die Dornen.

Ich glaubte recht zu tun und hörte sie tuscheln.
So handelte ich in Furcht,
und fand kein Entrinnen aus der Enge.
Mein Gott! Was sollen die langen Jungen
und was wollen die scheelen Blicke nebenaus?
Warum Worte über böse
Tage zu Fall bringen, warum?

Seither ist mein Mut dahin.
Ich fliehe das Neue
und will Vergangenes vergessen.
Ein Schemen bin ich
und könnte ohne Nahrung sein.
Und ach! Wie leise schlägt mein Herz.
Denn der Wellenschlag meiner Liebe
ist nur mehr murmelndes Brunnenrauschen
und mein Leben bald ein neues
und tiefer Schlaf.
Erst abends,
wenn die Nacht will anbrechen,
fahre ich hinaus im Kahn.
Und fernab von den lustigen Schauklern,
wo niemand mich sieht,
da weine ich lang und bitterlich.

[1900]

Drei Knaben

Einmal fand ich ein eigen blau Blümelein und dachte:
Wenn Du's dem Elselein schenktest?
Dann aber mußte ich lachen über die Torheit,
sah nach den Leimruten am Baum
und nach den Fischen im Bach.

Einen Kranz will ich legen auf ihr Haar.
Eine Krone wär' mir wohl lieber.
Selig aber ein Kuß ihres Mundes.

Was wäre süßer, Deine Seele oder Dein Leib?
Was wäre herber als einsame Nächte?
Denn Du bist das Paradies auf Erden.

[1900]

Am Fenster

stürz ich hinaus?
wünsch ich verschwiegen
im Winkel?

[1912]

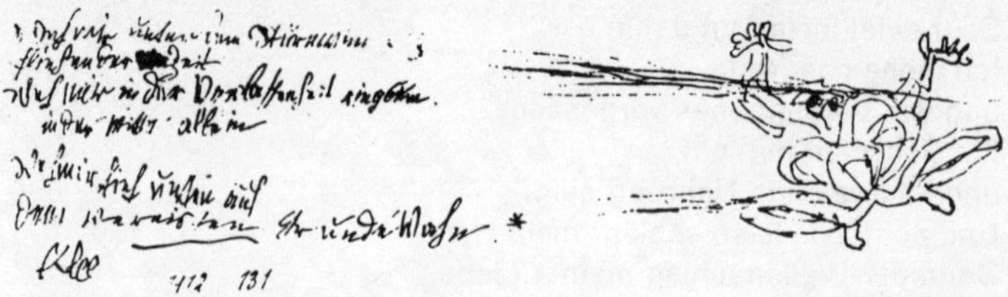

(Ill. 4)

Weh mir unter dem Sturmwind
ewig fliehender Zeit

Weh mir in der Verlassenheit
ringsum in der Mitte allein

Weh mir tief unten
auf dem vereisten Grunde Wahn.

[1912]

Wir stehn aufrecht und in der Erde verwurzelt
Ströme bewegen leicht uns hin und her
frei ist nur die Sehnsucht dahin
zu den Monden und Sonnen.

[1923]

Was scherimi ummi
I bi so guet wini
Der Kerli der i bi
kani nolang werde.

[1923]

Gorilliath
Der Graf Gleichen als Begoniablüte

zeitgrämlich
Bluthörner
Feuertuben

Schleckschlucker

[1926]

Gengsöfel – Gen gsö-fel
Gemästete Stunden
flugs – abseits – stracks
zu guter letzt – längelang
länglings – rücklings

• [1926]

der Hund Rauhhauch
ein Stollen stand ganz still im Stall
quillet Qual

O Schatz aus Oschatz,
noch ein Wort, wenn du schnaufst,
zischt's durch die Luft.

Geburt ist Sprengung der Grenzen –
unverbrüchlich.

• [1926]

Productiv: ich schieße den Pfeil ab –
seine Bahn
ich ——→ dich.

receptiv: ich werde vom Pfeil
getroffen
durch dich ——→ ich.

Das productive Ich richtet sich accusativisch –
Das receptive Ich richtet sich ablativisch,
dazwischen steht die Sache: der Pfeil –
mit seiner eindeutigen Bewegung.

• [1926]

Constructiv	Restructiv
Aufbau von innen Haus	Abbau von außen Ruine
körperlich activ räumlich passiv	räumlich activ körperlich passiv

Ich versuche andere
auf meine Entwicklungsbewegung
einzustellen,
bis sie selber einmal
die Stimme des Drachen
im fest verschlossenen Würfel
hören werden.

· [1926]

Synthese: der Knoten
Analyse: seine Fäden

Der gordische Knoten
ist das Symbol
einer überkomplizierten Synthese –
Überkultur

Seine Faktoren
sind nicht mehr erkennbar.
Der homo novus
räumt damit destructiv auf
und beginnt von vorn.

· [1926]

Kopf mit überbrückten Augen
Kopf mit berittener Nase
abgekehlt.

Dichterisch
Götter sind auf die Erde gekommen.

· [1926]

Jetzt fahret wohl ihr Sorgen,
was das Auge freut, lebe,
das andere ist dumm,
dideldumm, dideldumm, dideldumm,
wie die Auster.

· [1927]

(Ill. 16)

Ruhe in Großem
und im Kleinen

Ruhe in der großen Form
Beweglichkeit im Kleinen

Bewegliche große
und kleine Form

Bewegliche große
ruhige kleine Form,
das heißt «Anstrich»

▪ [1930]

Die Kälte tat gestern noch groß und sicher,
heute hat sie einen leichten Schrecks,
bald wird sie wieder steigen oder fallen,
im letzten Falle gibt es Drecks ...
statt Eis.

▪ [1933]

hinkt Europa?
oder hinke ich?

Du sollst minus ein Zoll –
Traumworte.

denn die Zeit frißt alls
bis auf ein wenig Herzeleid.

▪ [1933]

(III. 20)

Stationen:

Herstde – weeßtde
hastde – hastde Worte
meenstde.

Essen – Baden
Singen – Schmeicheln
.

[1933]

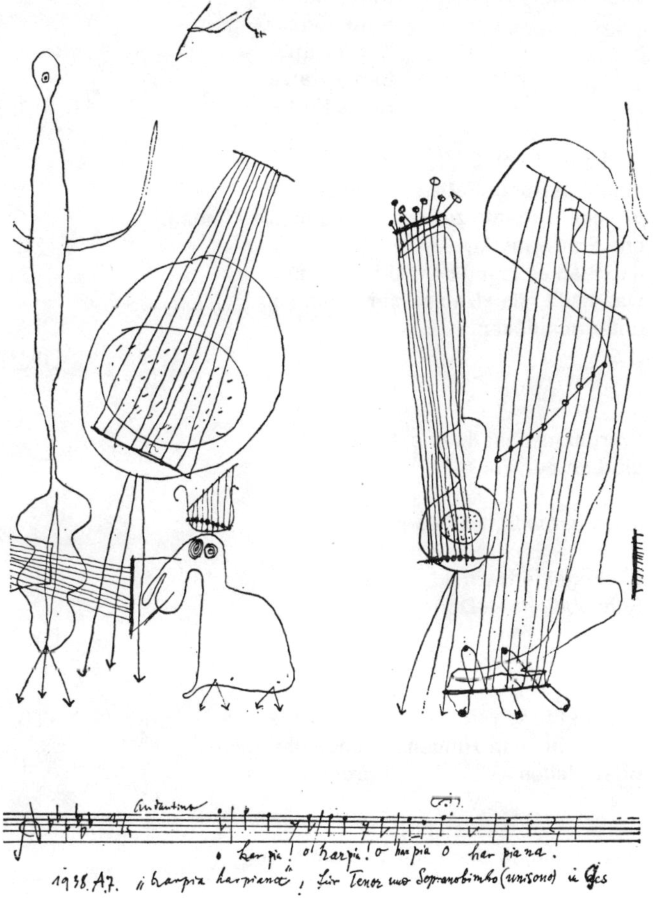
Andantino
o harpia! o harpia! o harpia o harpiana!
1938. A7. „harpia harpiana", für Tenor und Sopranobimbo (unisono) in Ges

(Ill. 22)

Philologische Variation als Gleichnis
zum künstlerischen Gleichnis
der Beziehung Kunst – Natur.
Die «Kette kürzen» – Natur.

Elastische Variation Kurze Kette
Kutte Kerze
Kerze Kutte
Kertte Kutze
Kutze Kerte

Und zum Schluß
glaubt in Kürze Kette eine besonders
drollige Variante zur Natur gefunden zu haben,
ehe Frau – merkt,
daß man es ja mit dem Urbild zu tun hat.
Das heißt, die «Natur» ist nur ein Fall
unter den Fällen.

• [1933]

Warum machst du das, Bimbo,
grad an der Tür?

«Das der wißt, was da ist!»

Ein Fogel feift ein lid auf sein
Schnabel, hohe Döne.

• [1933]

Schneeflocken – Flohschnecken
zur Nacht kann zünden – zündende Nacht
Bose Heiten – artige Keiten

Gesichtig
Das brüllende Schweigen – kommt vor.

• [1933]

1939 17 . . . Schlussbild des neuen Schäferspieles

(III. 23)

Begegnung

Nonne: vor der Begegnung
mit Ninne für sich:
pfui Spinne – die Ninne

Ninne: bei der Begegnung für sich:
pfui Sponne – die Nonne

▪ [1933]

Herr Abel und Verwandte

A - bel	O - bel
Be - bel	Pe - bel
Ce - bel	Ku - bel
De - bel	Er - bel
E - bel	Es - bel
Ge - bel	Te - bel
Ha - bel	U - bel
I - bel	Vau - bel
Ka - bel	We - bel
El - bel	Ix - bel
Em - bel	Zet - bel
En - bel	

▪ [1933]

Elephantastisch
Mammutig
Marabulistisch
Giganthologie
Kentauerochs
Herculinarisch

▪ [1933]

Thematische Ableitungen

Becker	Jung
Bäcker	Jung
Junger	Beck
Bunger	Jeck
Jecker	Bung
Benger	Juck
Jenger	Buck
Bucker	Jeng
Jucker	Beng
Jenker	Bug
Bencker	Jug
Bunker	Jeg
Juncker	Beg
Juger	Benck
Buger	Jenck
Beger	Junck

+

Zink	Salbe
Zank	Silbe
Salb	Zinke
Silb	Zanke

.

[1933]

A K U A K E N
a Kuh Ketten

A B U A M A N Z I A G L
a Bubenanzügel

A N F O N
an Faden

A B A G L M E I D E
a Packel Maitee

. [1933]

Albumblatt

Jatzt ist der Winter
drüber weggeschritten

Das war einmal
ein Gemüsegarten

dann ist es doch gesagt.

. [1935]

Kennst du das Land,
wo die Cit-Rosen blühen?

. [1935]

Anfang eines Gedichtes:
so fang es heimlich an

. [1938]

1939 J 10 Ewigkeit für kleine Leute (III. 24)

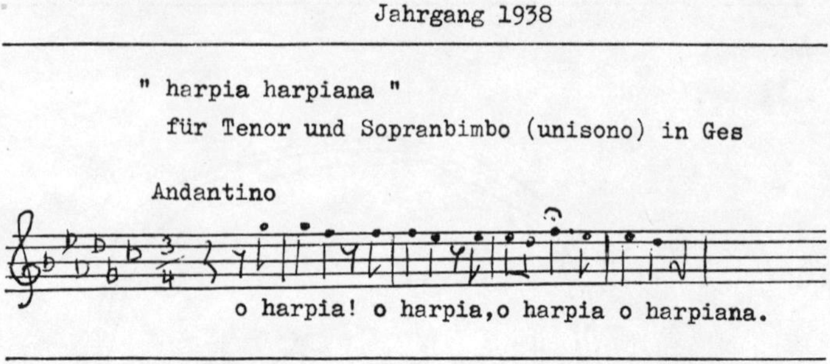

«harpia harpiana»
für Tenor und Sopranbimbo (unisono) in Ges
Andantino
o harpia! o harpia, o harpia o harpiana.
. [1938]

Schlußbild
des neuen Schäferspieles

P i p
und Papilla
und Ähnliche.
. [1939]

Ewigkeit für kleine Leute

die Ewigkeit kommt mit der Zeit,
laß sie tanzen,
sind kleine Leute,
nicht Leutchen.
. [1939]

beim blauen Busch

stelzich ein
bleib talein
. [1939]

(Ill. 26)

HINWEISE UND ERKLÄRUNGEN ZUM ANHANG

S. 98 «In später Stunde sitze ich ...»: Autograph im Besitze von Felix Klee. 1 Bogen, 22×14 cm. Erscheint auch in den Familienbriefen, die 1979 von DuMont in Köln publiziert werden.

S. 98 «Ich bin der Hanswurscht ...»: Enthalten in «Analytische Geometrie», Seite 28.

S. 98 «Bello: du, woll'n mer ...»: «Analytische Geometrie», Seite 180.

S. 100 «Liebestod im Lenz» / «Drei Knaben»: Diese beiden Gedichte stehen in einem Brief Paul Klees an seine spätere Frau Lily Stumpf vom 2. September 1900. Autograph im Besitze von Felix Klee. Die beiden Gedichte erscheinen auch in den Familienbriefen bei DuMont. Im Brief werden die Gedichte von Klee wie folgt eingeleitet: «Hören Sie einmal ganz unter vier Augen ein Stück meiner Lyrik an, mit dem ich gar keinen gröberen Effekt auf Sie ausüben will, sondern nur einen schüchternen Blick nach einem aufmunternden Knochen meine; ferner: die Schwere der Stimmung hängt mit der Wahl derselben zusammen. Endlich: die Zeichnungen dazu sehen Sie wohl später einmal.» Im Anschluß an das erste Gedicht, «Liebestod im Lenz», steht zu lesen: «Nehmen wir an, der Knochen sei genommen. L'appétit vient en mangeant.» Unter dem Titel «Drei Knaben» ist in Klammern eingefügt: «zu einer Komposition vom letzten Frühling, eine schlafende nackte Frauengestalt, umgeben von drei Knaben mit folgender Charakteristik.» Dann folgt der Wortlaut des Gedichts. Unmittelbar anschließend daran heißt es weiter: «Dies wären zwei lyrische Scenen. Ich plane auch Romanzen. Als ‹leichtere› Ware ein ‹théâtre de mes femmes› und ein Journal, und besitze Entwürfe und Notizen bereits für alles. Die Ausführung hat natürlich zu warten, bis ich mich rühren kann. Ich denke viel an Paris als Ort der Handlung ...».

S. 101 «Am Fenster»: Wortzusatz zur Lithographie «Am Fenster». Exemplar des Museum of modern art, New York.

S. 102 «Weh mir unter dem Sturmwind ...»: Autograph enthalten in der Zeichnung Nr. 131, 1912, der Paul Klee-Stiftung, Bern. Vergleiche das Gedicht «Weh mir», S. 102 im vorliegenden Band. Die beiden Gedichte stehen sicher in irgend einem Zusammenhang miteinander.

S. 102 «Wir stehn aufrecht ...»: Entstanden im Oktober 1923. Im Besitze von Felix Klee.

S. 102 «Was scherimi ummi ...»: Autograph im Besitze des Norton Simon Museums Pasadena, Stiftung Galka Scheyer, Los Angeles, USA.

S. 102 «Gorilliath»: Aus der Agenda 1926, S. 77–79. Im Besitze von Felix Klee. Erscheint auch in den Familienbriefen bei DuMont.

S. 103 «Gengsöfel»: Agenda 1926, Seite 89–91. Ebenfalls in den Familienbriefen.

S. 103 «Der Hund Rauhhauch»: Agenda 1926, Seite 93–94. Ebenfalls in den Familienbriefen.

S. 103 «Productiv/receptiv»: Agenda 1926, Seite 97–98. Ebenfalls in den Familienbriefen.

S. 103 «Constructiv/Restructiv»: Agenda 1926, Seite 104. Ebenfalls in den Familienbriefen.

S. 104 «Synthese/Analyse»: Agenda 1926, Seite 107. Ebenfalls in den Familienbriefen.

S. 104 «Kopf mit überbrückten Augen»: Agenda 1926, Seite 109–111. Ebenfalls in den Familienbriefen.

S. 104 «Jetzt fahret wohl ...»: Brief vom 23. Juli 1927, Nummer 17. Im Besitze von Felix Klee. Erscheint ebenfalls in den Familienbriefen.

S. 106 «Ruhe in Großem»: Autograph im Besitze von Felix Klee.

S. 106 «Hinkt Europa?»: Agenda 1933, Seite 71–75. Im Besitze von Felix Klee. Erscheint ebenfalls in den Familienbriefen.

S. 108 «Stationen»: Agenda 1933, Seite 87. Ebenfalls in den Familienbriefen.

S. 110 «Philologische Variation»: Agenda 1933, Seite 88. Ebenfalls in den Familienbriefen.

S. 110 «Warum machst du das ...»: Agenda 1933, Seite 94. Ebenfalls in den Familienbriefen. (Bimbo war Paul Klees Lieblingskatze. Sie lebte von 1931 bis 1948.)

S. 110 «Schneeflocken ...»: Agenda 1933, Seite 97. Ebenfalls in den Familienbriefen.

S. 112 «Begegnung»: Agenda 1933, Seite 98. Ebenfalls in den Familienbriefen.

S. 112 «Herr Abel und Verwandte»: Agenda 1933, Seite 99. Ebenfalls in den Familienbriefen.

S. 112 «Elephantastisch»: Agenda 1933, Seite 100. Ebenfalls in den Familienbriefen.

S. 113 «Thematische Ableitungen»: Agenda 1933, Seite 101–103. Ebenfalls in den Familienbriefen.

S. 114 «AKUAKEN»: Agenda 1933, Seite 103. Ebenfalls in den Familienbriefen.

S. 114 «Albumblatt»: Autograph enthalten in der Zeichnung 6, 1935, «Albumblatt», 27,8 x 18 cm, Inventar Nr. Z 1204 der Paul Klee-Stiftung, Bern. Der letzte Satz ist in Spiegelschrift gehalten, man kann ihn auch zwischen den beiden Textblöcken lesen.

S. 114 «Kennst du das Land»: Agenda 1935, Seite 370. Im Besitze von Felix Klee. Ebenfalls in den Familienbriefen.

S. 114 «Anfang eines Gedichtes»: Autograph enthalten in der Zeichnung 9, 1938 (189), 48,3 x 62,8 cm, Inventar Nr. Z 1278 der Paul Klee-Stiftung, Bern.

S. 116 «Harpia harpiana»: Entnommen der Zeichnung A 7 (447) 1938, Inventar Nr. 1381 der Paul Klee-Stiftung, Bern. Die Zeichnung besteht aus zwei Teilen: einem 27 x 11,3 cm großen linken und einem 27 x 10,1 cm großen rechten Teil.

S. 116 «Schlußbild»: Zeichnung 17, 1939. Federzeichnung, Concept-Papier. Aus der Sammlung Felix Klee, Bern. Inventar Nr. 660.

S. 116 «Ewigkeit für kleine Leute»: Autograph in der Sammlung Felix Klee, Bern, Zeichnung G 10, 1939, Inventar Nr. 629+: «Ewigkeit für kleine Leute». Außer dem Titel ist der Text in Spiegelschrift geschrieben.

S. 116 «Beim blauen Busch»: Autograph in dem mehrfarbigen Blatt RR 1 (801), 1939. 34 x 23 cm. Privatbesitz Köln.

NACHWORT

Die in diesem Band veröffentlichten Gedichte meines Vaters Paul Klee stammen aus verschiedenen Quellen. Zunächst möchte ich ein kleines blaues Schulheft erwähnen, das heute im Besitze der Paul Klee-Stiftung in Bern ist. Klee schrieb mit Bleistift darin seine Gedichte auf und hielt das Heft zu seinen Lebzeiten stets geheim. Erst nach seinem Tode im Jahre 1940 entdeckte es meine Mutter und war überglücklich über den Fund. Sechs Jahre später veröffentlichte Frau Dr. Carola Giedion-Welcker die wesentlichsten Gedichte im Werk ‹Die Anthologie der Abseitigen› [Arche Verlag, Zürich]. Im Vorwort, dem ich eigentlich nichts mehr hinzufügen kann, schrieb sie:

> «Bei Klee, der eine starke philosophische Seite besitzt, verknüpfen sich der Dichter und der Maler eng, wie das schon aus seinen lakonisch-poetischen Bildunterschriften ersichtlich wird, wo die Magie des Wortes die der Linie und Farbe intim begleitet und steigert. Die Besinnlichkeit dieses in der europäischen Kultur des christlichen Mittelalters verwurzelten Geistes ist aktivierender Nährboden einer meditativen Kunst im Gegensatz zu den heidnischen, leidenschaftlich ausströmenden künstlerischen Emanationen eines Picasso. Klee hat auch in seinen Notiz- und Tagebüchern poetische Fragmente hinterlassen, die, vom Expressionismus ausgehend, zu immer größerer Vertiefung und Klärung emporsteigen und, losgelöst von allem Persönlichen, schließlich wie anonyme Stimmen aus dem Weltall klingen.»

Klee hat sich schon von früher Schulzeit an sehr intensiv mit der deutschen Sprache und Literatur beschäftigt und auseinandergesetzt. Dieses ausgiebige ‹Training› fand Bestätigung in seiner restlosen Beherrschung der deutschen Muttersprache. Klees Phantasiewelt aber griff schon früh voraus: Wir ahnen bereits um die Jahrhundertwende expressionistische und dadaistische Strömungen bis zur Welt eines Christian Morgenstern, die vom Seismographen Klee aufgefangen wurden. Im Jahre 1899 schrieb Klee unter Nummer 67 in sein Tagebuch [aufgeschrieben in vier Bänden, erschienen 1957 im Verlag Du Mont Schauberg Köln] folgendes:

> «Die Musik ist für mich eine verhexte Geliebte. Ruhm als Maler? Schriftsteller, moderner Lyriker?
> Schlechter Witz.
> So bin ich beruflos und bummle.»

Im gleichen Jahre lernte Klee Fräulein Lily Stumpf, seine spätere Braut und Frau in München kennen. Dieser Verbindung wurden von seiten ihrer Eltern erhebliche Schwierigkeiten in den Weg gelegt. Doch durch diesen Widerstand wurde diese Bindung immer fester. Lilys Namen verwandelte Klee idealisierender Weise in eine ‹Eveline›, und die Fülle der Gedichte um dieses Thema im Jahre 1901 ist bemerkenswert. Er schrieb seine Gedanken ebenfalls in ein ‹Geheimbuch›, in seine Tagebücher nieder. Aus diesen wurden die meisten Gedichte von mir in diesen Band herausgezogen. Hier verschwinden sie nicht in der Fülle der weiteren Aufzeichnungen; hier erhalten sie ein Eigenleben, das den Leser überrascht und gefangen nimmt.
In seiner künstlerischen Entwicklungszeit war sich freilich Klee sehr oft nicht klar, ob er zur Musik, zur Malerei oder zur Dichtung greifen soll. Er schreibt darüber im Sommer 1901 unter Nummer 172 in sein Tagebuch:

> «Viele Gedichte sollten der neu gewonnenen Kraft Form verleihen. Natürlich kam es nicht zu einer Verwirklichung dieser Absicht. Denn Dichter sein und Dichten ist zweierlei. Jene Kraft und Ruhe aber ist mir auch für mein späteres Leben teuer geblieben, und ich möchte hierauf keine Travestien leben lassen.»

Zwei weitere Äußerungen Klees aus dem Jahre 1900 [Nummer 107 und 109, Tagebuch] geben von seiner zweifelnden Stimmung Zeugnis:

> «In einem Gedicht besang ich die Wehmut so flehentlich innig, bis sie sich in dem ersehnten Weib personifiziert hatte, in deren Umarmung es sich sterben ließ.»
> «Der Vergleich meiner Seele mit den verschiedenen Stimmungen der Landschaft kehrt häufig wieder als Motiv. Meine dichterisch-persönliche Auffassung der Landschaft liegt dem zugrunde.
> Es ist Herbst.
> Dem Strom meiner Seele schleichen Nebel nach.»

Im Verlauf der wesentlichsten fünfzehn Entwicklungsjahre [1899–1914] können wir eine kongeniale Verschmelzung der drei besonderen Begabungen Klees konstatieren. Gewiß dominieren in dieser Zeit die Zeichnungen und später die Farbe, doch spüren wir dazu maßgebend seine ausgeprägte Musikalität, und in den charakteristischen Bildtiteln Klees Bindung zur Sprache, die wiederum in seinen formvollendeten Gedichten und Schriften bezwingend zum Ausdruck kommt. Erwähnen möchte ich dazu ein besonderes Beispiel: Klee schuf in den Jahren 1916 bis 1921 sogenannte ‹Schriftbilder›, die in seinem bildnerischen Werk einen ganz eigenen Platz einnehmen. Es handelt sich vor allem um die Reihe 1916,

Nummer 20:

Komposition des chinesischen Gedichtes von Wang-Seng-Yu: ‹Hoch und strahlend steht der Mond›; erster Teil.

Nummer 22:

Zweiter Teil des Gedichtes von Wang-Seng-Yu: ‹Und ach, was meinen Kummer noch viel bitterer macht, ist, daß Du nicht einmal ahnen magst, wie mir ums Herz ist.›

Nummer 23:

Komposition des chinesischen Gedichtes Kaiser Wuti, 1. Teil: ‹Der Herbstwind weht, ha!›

Nummer 24:

Kaiser Wuti, 2. Teil: ‹Schon blüht die Blume Lan ...›

Nummer 25:

Kaiser Wuti, 3. Teil: ‹Leicht schwimmt mein Schiff.›

Nummer 26:

Kaiser Wuti, 4. Teil: ‹Beim Rauschen des Wassers.›

Die chinesische Lyrik nahm Klee in düsterer Kriegszeit, kurz vor seiner eigenen Einberufung, so sehr gefangen, daß diese zauberhaft versponnenen Werke daraus entstehen konnten. Das Schriftbild 1918, Nummer 17, ist vermutlich ein eigenes Gedicht:

«Einst dem Grau der Nacht enttaucht
Dann schwer und teuer
und stark vom Feuer
Abends voll von Gott und gebeugt

Nun ätherlings vom Blau umschauert,
entschwebt über Firnen,
zu klugen Gestirnen.»

Erst wieder im Jahre 1921 begegnen wir nochmals zwei Schriftbildern gleichen Inhalts [Nummer 142, 1. Fassung; Nummer 179, 2. Fassung]. Der Text ist dem von seinem Vater Hans Klee neu gestalteten ‹Hohen Lied› entnommen:

«Er küsse mich
mit seines Mundes Kuß,
denn lieblicher
wie Würzwein ist deine Liebe,
lieblich duften deine Salben.

Dein Name ist
wie ausgegossen Öl,
darum lieben dich die Jungfrau'n.»

Vier Bildtitel möchte ich in diesem Zusammenhang noch zitieren:

1916, 19:
‹Die Sonne, welche die Welt der Farben schon vorfindet; komplizierte Komposition›

1918, 100:
‹Der Mensch ist der Mund des Herrn›

1918, 168:
‹Durch des Menschen himmelnde Seele ziehen Kometen dahin›

1918, 147:
‹Der Mond war im Abnehmen und zeigte mir die Fratze eines Engländers, eines berüchtigten Lord's›

Mit diesem Bildtitel ehrte Klee seinen Dichterfreund Theodor Däubler. Nicht unerwähnt wollen wir die beiden Buchillustrationen Klees lassen. Es handelt sich um ‹Candide oder die beste Welt› von Voltaire, erschienen 1920 mit 26 Federzeichnungen illustriert, im Kurt Wolff Verlag, München, und um ‹Potsdamer Platz oder die Nächte des neuen Messias›. Ekstatische Visionen von Curt Corrinth, illustriert mit 10 Lithographien, erschienen im Georg Müller Verlag, München 1920.

Klees Aussage über künstlerische Gedanken zu seiner Bildwelt ist nicht minder packend. Die nachstehenden Zeilen schrieb er Freunden in einer Silversternacht in den dreißiger Jahren ins Stammbuch. Mit ihnen möchte ich mein Nachwort beschließen:

«Kunst verhält sich zur Schöpfung gleichnisartig.
Das Band zur optischen Realität ist sehr dehnbar.
Die Formwelt ist für sich souverän,
an sich jedoch noch nicht Kunst im obersten Kreis.
Im obersten Kreis waltet über der Vieldeutigkeit
ein Geheimnis – und das Licht des Intellektes
erlischt kläglich.»

Bern, Herbst 1960 Felix Klee
Bern, Sommer 1979

Herausgeber und Verleger danken dem Verlag DuMont Schauberg in Köln für die Abdrucksgenehmigung der Gedichtstellen aus den ‹Tagebüchern› und den ‹Familienbriefen› von Paul Klee.

INHALTSVERZEICHNIS

T Tagebuch
G Gedichte

36	42	Die Vernunft schwamm im Strom des Weines davon [Sprache ohne Vernunft]	T	1901	183
37	43	Augen – Brust – Lust [Ein Gedicht mit den Reimen]	T	1901	184
37	44	Dahin, fürs Malen kein Sinn [Epigramme mit den Reimen]	T	1901	286
40	45	Das war so einer von den Riesen [Eine Satire auf die Kraftmeierei]	T	1901	292
40	46	In solchem Zustand gibt es schöne Mittel	T	1901	295
41	47	Gefastet, Magen lastet	T	1901	296
42	48	An Gottes Stell, grell [Epigramme]	T	1901	306
43	49	fluchen, suchen [Epigramme mit den Reimen]	T	1901	316
43	50	Der Glückliche, das ist ein halber Idiot [Satirisches Opus]	T	1901	316
44	51	gereimt, geleimt [Gedichte epigrammatischer Natur]	T	1901	326
45	52	Kurzes Leben, Saures Streben	T	1901	330
45	53	ruhn, tun	T	1901	343
46	54	Drei Knaben	T	1902	384
48	55	Paßt auf, nun mach ich Euch was vor	T	1902	363
49	56	In mir kreist das Blut einer bessern Zeit [Der Epigon]	T	1902	385
49	57	Sinnlichkeit ist die Biegsamkeit des Fleisches	T	1902	364
49	58	Mit Blumen, ich kindischer Mann	T	1902	431
50	59	Faule Redensarten	T	1902	436
50	60	Kennt ihr über Euch mein Lachen?	T	1902	444
50	61	Auf dürre Finger wird ein Tuch gespannt	T	1902	462
50	62	Die Vöglein sind zu beneiden [Beim Anblick eines Baumes]	T	1902	466
51	63	Als ich noch ein loser Schelm war	T	1903	480
51	64	Zwei Berge gibt es	T	1903	539
52	65	Der Alte vom Berner Bund	T	1904	550
52	66	Was bildet der Künstler	T	1905	599
52	67	A und B haben lange beim Wein gestritten	T	1905	616
53	68	O laß den unendlichen Funken	T	1905	636
53	69	Die Individualität ist nichts Elementares	T	1905	638
54	70	Ein armes gepreßtes Schülerherz	T	1905	641
56	71	Bin ich Gott?	T	1905	690
58	72	Du sollst beten	T	1905	700
58	73	Ich neige vielleicht zum Verderben	T	1905	710
58	74	Leb wohl, gegenwärtiges Leben	T	1905	725
59	75	Einer dem im größten Schmerz [Wahre Anekdoten]	T	1905	726
60	76	Der Mond war heut nacht eine Perle	T	1905	737
61	77	Mich braucht niemand zu ironisieren	T	1906	744
62	78	Ich flog nach Haus, wo der Anfang ist [Traum]	T	1906	748
64	79	Dein Kopf ist ein Turm	T	1906	756 760, 761
65	80	Ich bin bei einem Zauberer im Garten zu Besuch [Traum]	T	1906	762
66	81	Wasser, darauf Wellen	T	1906	776

ANHANG

ZU DEN ILLUSTRATIONEN (chronologische Reihenfolge)

Lyrik

im Luchterhand Literaturverlag

Eine Auswahl

Jan Faktor
Georgs Versuche an einem Gedicht und andere positive Texte aus dem Dichtergarten des Grauens
128 Seiten. Broschur
»Man wird angesichts solcher Texte an Ernst Jandl denken dürfen, der davon sprach, daß mit einer unverbrauchten Sprache sich eher ein Gedicht machen läßt, als mit einer durch Poesie bereits verbrauchten ...« *Adolf Endler*

gerhard falkner
wemut
Gedichte. 160 Seiten. Broschur
»Gerhard Falkner gehört unter den Jüngeren gewiß zu jenen, die nicht nur ein Versprechen sind, sondern sich schon unverwechselbar in die gegenwärtige Literatur eingeschrieben haben.« *Aus der Laudatio bei der Verleihung des Bayerischen Staatsförderpreises 1987*

Günter Grass
Die Gedichte
1953–1986
SL 754

Peter Härtling
Die Gedichte
1953–1987
Nachwort von Karl Krolow
SL 826

Kerstin Hensel
Schlaraffenzucht
Gedichte
88 Seiten. Broschur
»Hier kommt (seit Sarah Kirsch und Irmtraud Morgner) wieder eine Echte aus der Hexenzunft. Kerstin Hensel ist ein blutjunges zartes Persönchen, aber in den Gedichten erkennen wir die Energie, die zwischen den Augenbrauen über der Nasenwurzel hinter der klaren Stirn sich versammelt hat.« *Karl Mickel*

Günter Herburger
Das brennende Haus
Gedichte
144 Seiten. Broschur
»Gedichte, so klaren Auges geschrieben, so schutzlos und ohne Berechnung. Ich sehe solche Offenheit und Ausdruckskraft in der zeitgenössischen deutschsprachigen Lyrik überhaupt nur in wenigen Gedichten.« *Gisela Lindemann*

Franz Hohler
Vierzig vorbei
Gedichte
96 Seiten. Broschur

ernst jandl
idyllen
Gedichte. 208 Seiten. Broschur
Nonsensverse, blanke Obszönitäten, Gedichte in »heruntergekommener Sprache« – unter Ernst Jandls Hand gibt auch das unschuldigste Wort seinen makabren Sinn preis.

Ernst Meister
Ausgewählte Gedichte 1932–1979
Nachwort von Beda Allemann
SL 244. Erweiterte Neuausgabe

Lyrik

im Luchterhand Literaturverlag

Eine Auswahl

Pablo Neruda
Letzte Gedichte
Vollständige Ausgabe
SL 537

Liebesgedichte
Spanisch-deutsch
SL 232

Helga M. Novak
Märkische Feemorgana
Gedichte
96 Seiten. Broschur
Ihre Verse, scheinbar sachlich, oft eckig, fast schroff, sind reich an intensiven Bildern, voll Schönheit und Kraft, leidenschaftlich und zart. »Ich kenne keinen, der so sehr unterwegs ist und sich so sehr zurücksehnt. Der weggeht, um wiederzukommen, aber nicht auf den Knien.« *Jürgen Fuchs*

Bert Papenfuß-Gorek
dreizehntanz
Gedichte. 216 Seiten. Broschur
»Er erlaubt sich schon, mit der Sprache anzuzweifeln, indem er die Sprache selbst in Zweifel zieht, ein Zweifel, der in ihr verborgen ist, den er hervorkehrt.« *Gerhart Wolf*

Eva Strittmatter
Die heimliche Freiheit der Einsamkeit
Gedichte. SL 838

Hannelies Taschau
weg mit dem Meer
Gedichte
128 Seiten. Broschur
Das »Ich« dieser Autorin ist nicht das Maß der Dinge, sondern allenfalls der Mittelpunkt von Wahrnehmungen, Empfindungen und Gedanken, die es mit anderen teilen könnte. Seine Wünsche, wie sie auch schmerzen, sind den Wahrnehmungen, den Erfahrungen untergeordnet.

Bernd Wagner
Mein zu großes Auge
Gedichte
128 Seiten. Broschur

Gabriele Wohmann
Ausgewählte Gedichte 1964–1982
SL 437. Originalausgabe
»Auch als Lyrikerin beweist die Autorin ihre Kunst der Beobachtung – auch die der Selbstbeobachtung. Idyllisch sind diese Momentaufnahmen aus dem bürgerlichen Seelenleben nie.« *Darmstädter Echo*

William Butler Yeats
Liebesgedichte
SL 218

Jahrbuch der Lyrik

in der Sammlung Luchterhand

»... eine Übersicht über die Jahresproduktion an deutschsprachigen Gedichten (wobei die Aufmerksamkeit jungen, noch unbekannten Autoren gilt), einen Blick über den Zaun in ein europäisches Nachbarland, schließlich einen Kommentarteil in Form kurzer Diskussionsbeiträge von Autoren. Es ist sicher ein Vorzug dieses jährlich erscheinenden Bändchens, daß die Herausgeber auf eine Klassifizierung der Texte, auf vorschnelle Trendbeschreibung verzichten. So kann man sich unbelastet von ästhetischen Diskursen auf Entdeckungsreise machen, sich überraschen lassen.«
Norddeutscher Rundfunk

»Das *Luchterhand Jahrbuch der Lyrik* leistet mit seiner Dokumentation der neuesten lyrischen Tendenzen eine Pionierarbeit, deren Fortsetzung man sich nur wünschen kann.« *Michael Braun*

»Eine Sammlung, die durch Qualität überzeugt.« *Bayerisches Fernsehen*

»Das Luchterhand Jahrbuch der Lyrik ist inzwischen eine Institution geworden.« *Frankfurter Rundschau*

»Diese ganz aktuelle Lyriksammlung ist die wohl derzeit wichtigste.«
Heinrich Vormweg, WDR

Luchterhand Jahrbuch der Lyrik 1989/90
Hg. Christoph Buchwald und Rolf Haufs
SL 859. Originalausgabe

Jahrbuch der Lyrik 1990/91
Hg. Christoph Buchwald und Karl Mickel
SL 929. Originalausgabe

Künstler – von anderen gesehen

in der Sammlung Luchterhand

Jaime Sabartés
Picasso
Gespräche und Erinnerungen
Mit Abbildungen
SL 874
Aus der Fülle der Beobachtungen wächst anschaulich das Bild eines Mannes, einer Freundschaft, einer Epoche der Malerei.

Henry Miller
Rimbaud oder Der große Aufstand
Aus dem Amerikanischen
von Oswald von Nostitz
SL 863
Ein trotziges Pamphlet über die Einsamkeit des Künstlers in der modernen Welt; ein Manifest gegen eine Welt, die, in ihre Katastrophen verstrickt, glaubt, sie brauche keine Dichter.

Samuel Beckett
Proust
Essay
SL 820
»Dieser sehr gescheite, temperamentvolle Essay – übrigens eine der ersten monographischen Studien zum Werk von Proust – ist als Interpretation seines Werkes immer noch hilfreich und lesenswert. Und zwar vor allem wegen Becketts sehr eindringlicher Erörterung dessen, was man heute mit dem Schlagwort ›Madeleine‹ zusammenzufassen pflegt – der unwillkürlichen Erinnerung.«
Klaus Birkenhauer

Luchterhand Theater

Neuentdeckungen und Wiederbegegnungen für Theater-Fans

im Luchterhand Literaturverlag

John Osborne
Der Entertainer
Deutsch von Helmar H. Fischer
128 Seiten. Broschur

Blick zurück im Zorn
Deutsch von Helmar H. Fischer
128 Seiten. Broschur
Beide Stücke erstmals ungekürzt in der neuen deutschen Übersetzung.

Oskar Panizza
Das Liebeskonzil
Eine Himmelstragödie in 5 Aufzügen
112 Seiten. Broschur

Ljudmila Petruschewskaja
Cinzano
Theaterstück in zwei Teilen
Deutsch und mit einem Nachwort von Rosemarie Tietze
72 Seiten. Broschur
Ein Theaterstück über die privaten Lebensverhältnisse in der UdSSR. »*Cinzano* ist ein absolutes Dokumentarstück, ich habe praktisch jeden Satz selbst gesammelt.«

Carl Sternheim
Bürger Schippel
Komödie
72 Seiten. Broschur

Die Hose
Ein bürgerliches Lustspiel
120 Seiten. Broschur
Theobald Maskes Frau Luise verliert auf offener Straße die zur wilhelminischen Zeit kaum aussprechbare Hose. Zwischen Lächerlichkeit und Brutalität schwankend vollzieht sich eine wechselvolle Ehetragödie.

Der Snob
Komödie
72 Seiten. Broschur

Peter Turrini
Die Minderleister
136 Seiten. Broschur
»In den Personalbüros der Stahlwerke liegen Listen mit den Namen von Arbeitern, die in nächster Zeit entlassen werden. Auf diesen Listen steht das Wort ›Minderleister‹. Mit diesem Wort verbinde ich den schäbigen Versuch, die Krise in der Stahlindustrie auf Kosten der Schwächsten auszutragen.«
Peter Turrini

Rozznjogd/Rattenjagd
Ein Stück
80 Seiten. Broschur

Tod und Teufel
Eine Kolportage
96 Seiten. Broschur

Theaterautoren

in der Sammlung Luchterhand

Samuel Beckett
Proust
Essay
SL 820
Die Ausgabe enthält einen Anhang mit kommentierenden Anmerkungen zum Text und Quellenangaben zu den Proustzitaten.

Brechts Lai-tu
Erinnerungen und Notate
von Ruth Berlau
Hg. von Hans Bunge
SL 698
»Dies ist keineswegs nur eine Materialsammlung für Literaturwissenschaftler, Bühnenhistoriker, Theaterleute über Brechts Mitarbeiterin und erste Theaterphotographin, sondern dies ist vor allem das Buch über eine Frau, das Protokoll der Ausbeutung durch einen Kämpfer gegen Ausbeutung.«
Rolf Michaelis, Die Zeit

Christoph Hein
Schlötel oder Was solls
Stücke und Essays. SL 670
Der vorliegende Band enthält die Stücke *Schlötel oder Was solls* und *Cromwell*; Texte zu diesen Stücken, den Essay *Zu einem Satz von Anna Seghers* und die Polemik *Massa Sloterdijk und der linke Kolonialismus.*

Christoph Hein
Die wahre Geschichte des Ah Q
Stücke und Essays
SL 550

Eugène Ionesco
Die Nashörner
Erzählungen
Hg. François Bondy und Irène Kuhn
SL 807

Peter Turrini
Mein Österreich
Reden, Polemiken, Aufsätze
SL 811
Heimatwirklichkeit, Heimattümelei – aus diesem Widerspruch entstanden Peter Turrinis Theaterstücke, seine Filme *Alpensaga* und seine Gedichte. Dieser Widerspruch hat ihn auch Partei ergreifen lassen gegen Willkür und bornierte Kulturauffassungen.

Carl Sternheim
Fairfax und andere Erzählungen
Mit Illustrationen von Frans Masereel
SL 937
»Das ist einer, der in hartem Holz zu sägen liebt und nicht Laubstreu für Lesekühe schneidet.«
Robert Musil

Hans Sahl

im Luchterhand Literaturverlag

Memoiren eines Moralisten
SL 932
Der erste Teil von Hans Sahls Erinnerungen – mit Fotos aus seinem Privatalbum.
Ein brillant erzählter Erlebnisbericht und zugleich ein Stück deutscher Geschichte von 1902 bis 1933, dem Jahr, in dem Sahl aus Deutschland fliehen mußte.

»Es gibt einen Schriftsteller (wieder) zu entdecken, dessen Fähigkeit zu erhellenden Momentaufnahmen ohnegleichen ist, einen literarischen Brennspiegelschleifer: knapp bis zur Lakonie, ungeschminkte Porträts von Zeitgenossen vorführend, die sich zu einer ›Galerie des Jahrhunderts‹ fügen, dessen Zeuge er ist.« *Fritz J. Raddatz, Die Zeit*

Das Exil im Exil
Memoiren eines Moralisten II
232 Seiten. Leinen
Eine Veröffentlichung der Deutschen Akademie für Sprache und Dichtung

»Weiß Gott, der Homme de Lettre Hans Sahl sucht und fand das Exil seiner Seele in finsteren Zeiten. Aber das Firmament seines sprachlichen Universums ist glitzernd. Und beim Entwurf dieser späten Trauerarbeit ist ihm ein Kabinettstück poetischer Lebenserfahrung gelungen, das den betroffenen Leser durch Hellsichtigkeit erheitert.«
Süddeutsche Zeitung

»Wie schon im ersten Band seiner Memoiren verbindet Sahl in glücklicher Weise persönliche Erlebnisse (mitunter privatesten Charakters) mit der Betrachtung der Epoche.«
Neue Zürcher Zeitung

»Ein souveräner Stilist und weiser Sarkast ist am Werk, Vergangenheit wird greifbar, Menschen bekommen Farbe, das Panorama der Emigration entrollt sich, mit einer Fülle an tragischen und absurden Details.« *Der Spiegel*

Luchterhand-Anthologien

in der Sammlung Luchterhand

»Gestern kam keiner, keiner rief«
Geschichten von Trauer, Wehmut, Einsamkeit
Eine Luchterhand-Anthologie
Hg. Reinhard Schlasa
SL 866. Originalausgabe
Luchterhand-Autoren erzählen von Trauer, Wehmut, Einsamkeit – Empfindungen, wie sie bei Verlust, Trennung, Abschied über uns kommen. Sie sind uns ebenso vertraut wie das Gefühl des Glücks. Sie begleiten uns von unserer Kindheit an durch unser Leben, und doch fühlen wir uns ihnen, wenn sie uns überfallen, jedesmal hilflos ausgeliefert. Deshalb, und weil das Gefühl der Einsamkeit in unserer Zeit so verbreitet ist wie nie zuvor, haben so viele Schriftsteller darüber geschrieben.

»Liebst du mich?«
Geschichten von der Liebe
Eine Luchterhand-Anthologie
Hg. Claudia Schlottmann
SL 822. Originalausgabe
Mit diesem Band schönster Liebesgeschichten von Luchterhand-Autorinnen und -Autoren wird die Tradition der erfolgreichen Luchterhand-Anthologien fortgesetzt. Die hier versammelten Erzählungen stammen aus drei Jahrzehnten und sind so verschieden wie die Liebe und ihre Erscheinungsformen: verhalten oder überschwenglich, abgeklärt oder erotisch, heiter oder tragisch, sie gehen unglücklich aus oder mit einem Happy-End.

»Wer Tag für Tag den Globus dreht«
Geschichten vom Reisen
Eine Luchterhand-Anthologie
Hg. Klaus Binder
SL 894. Originalausgabe
Von der Sehnsucht, anderswo zu sein, handeln diese Geschichten, von Abfahrt und Ankunft und von dem, was sich unterwegs ereignen wird – Geschichten, die Luchterhand-Autorinnen und -Autoren erzählen. Einer steigt in den wartenden Zug, und der fährt ohne Halt von Bern nach Singapur. Andere treibt es durch die Straßen von Paris und Rom. Eine kurze Fahrt mit der S-Bahn gerät zur Höllenfahrt. Sollte man nicht lieber, Tag für Tag den Globus drehend, zu Hause bleiben? Das Risiko bleibt immer auf der Seite der Reisenden.

»Hallo, sagte er, wir stürzen ab«
Katastrophengeschichten
Eine Luchterhand-Anthologie
Hg. Wieland Eschenhagen
SL 951. Originalausgabe
In der Katastrophe nimmt das Verhängnis seinen Lauf – unabwendbar, mit berechenbarer Konsequenz, unerwarteter Heimtücke oder brutaler Dramatik. Dieser Band versammelt die besten – die schönsten wie die schrecklichsten – Katastrophengeschichten von Luchterhand-Autoren.

Luchterhand Bibliothek